BIBLIOTHEQUE DE CAMPAGNE.

Ce Volume contient :

Spectacle nocturne.

Mémoire du Chevalier d'Herban.

BIBLIOTHEQUE DE CAMPAGNE,

OU LES AMUSEMENS DU CŒUR ET DE L'ESPRIT.

TOME VIII.

A AMSTERDAM,

Et se trouve

A PARIS,

Chez la Veuve DUCHESNE, Libraire, rue S. Jacques, au Temple du Goût.

LES SPECTACLES NOCTURNES.

OUVRAGE ÉPISODIQUE.

Erit quod tollere velles.
Hor.

PREMIERE PARTIE.

A LONDRES,
Et se trouvent,
A PARIS,
Chez DUCHESNE, ruë Saint Jacques, au-dessous de la Fontaine Saint Benoît, au Temple du Goût.

M. DCC. LVI.

PRÉFACE,

Qu'il eſt bien ſûr qu'on ne lira point, & qui ne laiſſe pas de contenir une legere idée de l'Ouvrage.

DANS un ſiécle où les *Pantins* prirent naiſſance, où les *Cométes* & les *Rhinoceros* ſont venus ouvrir une carrière immenſe à quantité de modes ingénieuſes, à qui l'on doit l'heureuſe invention des *Vis-à-vis* & des *Cabriolets*, ſera-t'on toujours ſurpris de voir la noble émulation des Artiſtes, pouſſer à ſon comble le goût des recherches! Enhardis par les brillants ſuccès de ces Enfans précieux de l'imagination, combien n'ont-il pas de raiſons pour courir ſans ceſſe à de nouvelles découvertes! L'homme inconſéquent, bizarre dans ſes goûts, bientôt fatigué des plaiſirs, toujours ingrat, abandonne ſi vîte tout ce qu'il a ſaiſi avec le plus d'empreſſement, qu'il faudroit être continuellement avec lui à l'afut des ressources. Inconstant par penchant, quelquefois par air, il ne se contente pas de parcourir rapidement les objets, il veut trouver dans le même à la fois toute la varieté que plusieurs pourroient à peine fournir. Episodique! me disoient un jour deux *petites Maîtresses* & un Abbé: oui, bon cela je le crois merveilleux, cela suppose de la diversité; vous n'avez pas oublié sans doute des portraits auxquels la malignité ne manquera pas d'aller chercher bien loin des applications imaginaires. . . : fort bien, c'eſt ce qu'il nous faut. J'ai cru, repondis-je, avoir choiſi votre goût & le flatter ; mais que deviendrois-je, ſi demain un autre avoit déjà ſuccédé à celui-ci ?

ÉPITRE.

A M. M.

VOUS de qui l'ingénuité,
La douceur, l'heureux caractère,
Mieux qu'une Grace minaudière
Ou qu'une frivole Beauté
Pourroient fixer le plus volage;
Vous dont les charmes précieux
Doivent être à jamais le gage
D'un amour innocent comme eux;
Dans cet amusant badinage
De l'ardeur des plus tendres feux
Recevez le nouvel hommage.

Si d'un Sexe souvent peu sage
J'y peins le caprice & les mœurs,
Ce tableau de folles erreurs
Ne doit point vous causer d'allarmes;

Du vice les noires couleurs.
A la Vertu donnent des charmes.

Si quelquefois du ſentiment,
Vous trouvez que fidellement
J'y faſſe la vive peinture,
C'eſt vous qui m'en avez dicté,
L'expreſſion naïve & pure,
Vous en qui l'aimable nature
A mis toute ſa vérité.
Je n'ai rendu que votre image.
Puiſſiez-vous d'un flatteur ſuffrage
Couronner ces tendres eſſais ?
Vous-même auriez part au ſuccès,
Ils ſont notre commun Ouvrage.

LETTRE

Ecrite à l'Auteur, dans le tems qu'il travailloit à la rédaction des Spectacles Nocturnes.

MONSIEUR,

Quoiqu'on puisse avec raison me regarder comme un homme disgracié de la Fortune, je ne laisse pas de me trouver quelquefois avec ses plus chers Favoris, ce qui vous surprendra d'autant plus que ces Messieurs évitent ordinairement ceux qui ont à se plaindre d'elle. Il est vrai que je ne joue pas auprès d'eux un rôle fort brillant. J'ai continuellement les yeux baissez en leur présence ; je me mouche sans bruit & en tirant à peine mon mouchoir hors de ma poche. Je parle toujours bas & ne parle guère que pour les louer ; mais lorsque je me trouve à leur table aucun n'y figure mieux que moi, & c'est-là que je deviens un personnage intéressant. Alors je garde un silence profond, & je suis seulement ſorcé d'entendre bien des choſes, auxquelles, entre nous, je ne prête qu'une légère attention. Quoique je ne faſſe pas grand cas, à ce que vous voyez de tous leurs propos & que l'oreille qui les reçoit les laiſſe facilement échapper, cependant comme la méchanceté eſt de tous les hommes & de tous les états, je m'applique ſouvent à en retenir quelques-uns des plus amuſans en ce genre. J'ai entendu parler de vos ſpectacles, & j'ai formé le projet pour orner cet Ouvrage de vous fournir quelques hiſtoires ſécrètes dont j'ai été parfaitement inſtruit dans pluſieurs de ces cercles. Après tout quand vous feriez cette petite tromperie au Public, je ne crois pas qu'il dût vous en ſçavoir mauvais gré, puiſque cela ne feroit que multiplier les amuſemens que vous lui préparés. Si vous voulez, M. m'indiquer un jour où je puiſſe dîner avec vous ſans témoin, je crois que vous n'aurez pas lieu de vous repentir d'avoir appris de moi mille détails qui enrichiront vos Spectacles.

Je ſuis, Monſieur, &c.

LES SPECTACLES NOCTURNES.

CHAPITRE PREMIER.

Qui contient une Introduction plus nécessaire qu'amusante.

DANS un bois écarté qu'arrose le *Scar*, je me promenois paisiblement au murmure de ses eaux. La clarté d'un jour serain & pur alloit faire place à une nuit sombre. Quelques fleurs parſemeés de différens côtés, exhaloient au loin une douce odeur. La tranquillité de ce rivage me plongea tout à coup dans la plus ſéduiſante réverie. Eléonore, m'écriai-je, pourquoi ne partages-tu point avec moi les charmes de cette délicieuſes ſolitude ! . . . . . Le ſouvenir d'Eléonore ne m'avoit jamais inſpiré plus de tendreſſe qu'en ce moment. Bientôt mes ſens ſe trouverent ſuſpendus par une extaſe que j'éprouvois pour la premiere fois. Je m'étois étendu ſur un lit de mouſſe legere. En peu de tems je fus enſeveli dans un ſommeil profond. Mille ſonges agréables vinrent alors occuper mon eſprit. Eléonore ſenſible, toujours fidelle ; quelles images pour un Amant ! mais mon réveil tarda peu à diſſiper cette chere illuſion. Que j'étois loin d'Eléonore, & de quelles craintes mon cœur fût-il dans peu agité ! Un froid mortel coule dans mes veines ; l'horreur qui accompagne la nuit entre dans mon ame par dégrés. Elle augmente avec l'obſcurité. A peine ai-je la force de prononcer le nom d'Eléonore. Ce nom autrefois ſi tendre paroît redoubler mes allarmes, & jétte dans mon cœur un nouveau trouble. Cruels preſſentimens ! Que m'annonciez-vous de funeſte.

Un frémiſſement inconnu s'empare de moi. Quelle fut ma ſurpriſe lorſqu'une femme ſuperbement parée vint s'offrir à mes regards ! Je m'étois arêté pour la conſidérer, & cette rencontre me paroiſſoit ſi extraordinaire, que je ne pus pendant quelque tems proférer une ſeule parole. Le ſilence qu'elle affectoit me fit bien juger que ſon étonnement étoit égal au mien. Belle inconnue, lui dis-je enfin, qui peut vous attirer dans ces lieux ? Et lorſque la nuit la plus noire environne tout de ſes ombres, comment avez-vous pû bannir cette foibleſſe d'un ſexe qui voit avec effroi les moindres dangers ? Ceſſe de t'inquiéter de mon ſort, interrompit-elle d'une voix preſqu'éteinte ; épargne moi la douleur de t'en inſtruire, & laiſſe moi cacher ici mes ennuis & mon déſeſpoir..... Mais non, pourſuivit-elle, cherchons plutôt à les ſuſpendre pour quelques inſtans. Peut-être que le hazard ne m'aura pas amenée ici en vain. Parle, as-tu à te plaindre de quelque infidelle ? En ce cas nos malheurs ſeroient les mêmes & tu pourrois adoucir les miens. Es-tu le plus heureux des hommes & ne viens-tu ſur ces bords que pour t'entretenir avec plus de liberté d'une paſſion ſatisfaite ? Ne craint point de dépoſer les ſécrets de ton cœur dans le ſein de celle qui t'offre ſes ſecours. Qui que vous ſoyez, répondis-je, apprenez que la joie eſt un ſentiment qui depuis long-tems n'habite plus dans mon cœur. Je crains qu'il ne ſoit fermé pour toujours à ſes impreſſions. Ma vie eſt le bizarre aſſemblage du bonheur & de l'infortune. Je puis être le plus heureux des hommes puiſque la belle Eléonore à accordé à ma tendreſſe le retour de la ſienne; mais dans ce comble de bonheur le Deſtin qui me perſécute, a imaginé des obſtacles bien difficiles à ſurmonter. L'intérêt s'eſt lié avec lui contre moi pour me faire eſſuyer les plus cruelles diſgraces. Dangereux adverſaire l'Amour n'a pas toujours des armes aſſez fortes pour lui réſiſter.

Je lui racontai enſuite comment les Parens d'Eléonore guidés par une vile ambition avoient résolu de la rendre victime de la plus méprisable des passions en la contraignant de lui sacrifier la plus belle. Ces barbares, continuai-je, peu satisfaits d'avoir opposé un refus, qui fait aux sentimens d'Eléonore & aux miens une égale violence, ont essayé de nous faire souffrir à tous deux les tourmens de l'absence, comme si elle étoit capable de diminuer notre ardeur. Mais depuis près de deux mois que nous sommes privés l'un & l'autre de la douceur de nous entretenir, le Ciel m'est témoin que chaque instant n'a fait qu'augmenter la mienne. Sans doute Eléonore est livrée aux mêmes supplices que moi.... L'Inconnue m'interrompit. Trop crédule Amant, me dit-elle, comment oses-tu croire qu'Eléonore ait conservé pour toi l'amour qn'elle t'avoit montré?

montré ? Le tems, l'éloignement, l'abſence, tout juſqu'à ſes attraits n'a peut-être ſervi qu'à en faire plutôt une infidelle. Combien de rivaux intéreſſés à la rendre ſenſible auront employé leurs ſoins pour y réuſſir ? Crois moi, le ſouvenir d'un Amant qu'on ne voit plus eſt bien foible contre les empreſſemens de celui qui nous jure ſans ceſſe qu'il nous adore...... Ce diſcours avoit glacé tout mon ſang. Que me dites-vous ? m'écriai-je. Se pourroit il qu'Eléonore eut trahi ma conſtance & ſa foi ! Non, ſon cœur eſt incapable d'une auſſi lâche perfidie. Ah ! ſi vous connoiſſiez la tendreſſe de ſes ſantimens..... Je ſçai trop que mon inconſtance même ne ſuffiroit pas pour l'exciter au changement. Cent fois elle a juré qu'elle n'aimeroit que moi ſeul & ſon cœur d'accord avec ſa bouche, repétoit avec elle les accens que l'Amour même lui dictoit. Pourquoi cherchez vous à me désespérer ? Il me restoit au moins la douceur de penser qu'elle m'aimoit, & vous voulez encore m'arracher ce seul bien.... mais ne croyez pas avoir réussi à la noircir dans mon cœur. Moins injuste que vous..... Ne m'accuse point d'injustice, reprit-elle, & sois assuré que c'est ton intérêt seul qui me fait parler. Je ne me plaindrai point des reproches que tu viens de me faire parce qu'ils forment l'éloge le plus vrai de ton cœur. Continue si tu le veux à te nourrir de l'espérance de retrouver Eléonore fidelle, mais.... mais souffrez, interrompis-je brusquement, que j'éloigne une idée qui m'afflige & qui me rendroit le plus coupable des hommes..... Ecoute, continua mon inconnue, & que mon exemple t'apprenne à mettre le prix à ces sermens de l'Amour sur la foi desquels tu te reposes.

» Je suis la Fée Almanzine. « Avec un pouvoir dont le Ciel « fût toujours jaloux, je n'ai pû « résister aux attaques séduisantes « de cet Enfant qui triomphe du « Ciel même. Le Génie Moal fût « l'heureux Immortel qui sçût me « rendre sensible. Le même instant « vit commencer & achever ma « défaite. J'écoutai pendant quel- « que tems les reproches de ma « fierté ; mais ce goût de volupté « si vif chez les Etres célestes lui « imposa bientôt un silence dans « lequel elle seroit sans doute en- « core assoupie si la plus perfide « inconstance n'étoit venu la re- « veiller. »

Il y avoit près de six mois « que j'aimois le Génie avec toute « l'ardeur dont une femme pas- «

» ſionnée eſt ſuſceptible. Quoique
» je n'euſſe jamais eu de lui aucuns
» ſoupçons, je n'avois pas toûjours
» été ſans inquiétude. Les com-
» mencemens d'une paſſion ſont
» rarement tranquilles ; on prodi-
» gue à l'Amour naiſſant des ſoins
» qu'on devroit avec une ſage éco-
» nomie lui réſerver pour un âge
» plus avancé. Dans ces commen-
» cemens j'avois épuiſé tous mes
» doutes, toutes mes craintes ſur
» la conſtance de Moal. Je ne m'é-
» tois appliqué qu'à l'attacher for-
» tement à moi, & j'avois crû y
» réuſſir. Peut-être dans la ſuite
» qu'une confiance trop aveugle
» fût ce qui m'empêcha de le re-
» tenir lorſqu'il cherchoit à s'é-
» chapper. Je jouiſſois donc alors
» du calme dangereux où l'ame
» goûte tranquillement un bon-
» heur d'autant plus cher qu'elle a
» eu plus de peine à le fixer. Les

tranſports de Moal me paroiſſoient toujours auſſi vrais. Un homme ſçait les conſerver même après qu'il a ceſſé d'être Amant ; & comment démêler une vérité auſſi obſcure dans des inſtans où le déſordre extrême de nos ames nous fait douter ſi nous ſommes où ſi nous ne ſommes pas ?.... Ce fut dans ce tems que j'éprouvai la perfidie de Moal. Rien ne m'annonça d'abord ſon réfroidiſſement, mais tout à coup ſes infidélités ſe confirmerent »

Qu'on ſe repréſente, s'il eſt poſſible, le déſeſpoir dont mon cœur fut ſaiſi. Comme femme je méditai bientôt une prompte vengeance, comme Fée les effets en devoient être terribles. Quoi donc, m'écriai-je, l'eſpace de quelques mois aura vû terminer une paſſion que j'ai allumée ! La conſtance ſera donc

» chez les êtres Divins ce qu'elle
» eſt chez les mortels ! heureuſe
» encore ſi à leur exemple je pou-
» vois dans les bras d'un ſecond
» amour, réparer la perte du pre-
» mier ! Mais le Deſtin qui m'or-
» donne de n'aimer qu'une fois,
» ne me permet point de ſonger à
» de nouveaux nœuds & m'ôte
» ainſi juſqu'à la douceur de for-
» mer de ces projets, les premiers
» que notre ſexe enfante quand il
» voit ſes charmes négligés par un
» Amant. A ces mots je ſens re-
» doubler ma rage & je m'aprête
» à jouir de ma vengeance ; mais
» où en découvrir l'objet ? Le trai-
» tre Moal, ce Génie dont la puiſ-
» ſance eſt ſubordonnée à la mien-
» ne, a celle de demeurer caché
» à tous les yeux par le moyen
» d'un Taliſman que renferme un
» anneau d'or, dont les Dieux lui
» firent préſent au jour de ſa naiſ-

ſance. Sans doute, continuai-je, « il n'aura pas oublié d'en faire uſa- « ge. Retiré dans quelque coin du « monde, le perfide goûte tran- « quillement le plaiſir de m'avoir « outragée ſans craindre les effets « de mon déſeſpoir. La reflexion « ne tient jamais dans l'eſprit que « la ſeconde place. En refléchiſſant « ſur les forces de mon adverſaire, « je n'eus que plus à rougir lorſ- « que je ſongeai que ſon crime « pouvoit demeurer impuni. Après « avoir formé tour à tour mille « projets de vengeance, je me « trouvai ainſi arrêtée par la diffi- « culté d'en voir l'exécution. Dans « cette fâcheuſe extrémité j'eus « recours à l'Oracle de Zemphis; « mais ſa réponſe loin de ramener « le calme de mes ſens ne fit qu'y « jetter un trouble plus cruel en- « core. *Parcours*, m'a-t'il dit, *&* « *venge toi.* Accablée par une re- «

» ponse aussi embarrassante, je suis » rentrée chez moi sans espoir de » découvrir jamais la retraite du » Génie. Néantmoins comme les » Oracles de Zemphis sont infail- » libles, je résolus de ne point né- » gliger des avis qui pourroient » dans la suite m'être utiles. La » soif de me venger est devenue » plus ardente. J'ai parcouru tous » les lieux où je pensois que Moal » avoir pû choisir un azile pour se » dérober à mes coups ; mais de » tous ces soins je n'ai recueilli » que la nouvelle douleur d'ap- » prendre que j'ai été sacrifiée à » une simple Mortelle. Il y a plus » d'une heure que je suis errante » sur ce rivage, sans sçavoir en » quels lieux je dois porter mes » pas, & dans ce moment même » l'affreuse passion qui me déchire » me fait éprouver les mouvemens » les plus cruels. Nous sommes

peu

peu loin ici d'une Ville fameuse dont les habitans ont consacré leurs veilles au plaisir & à la molesse. Les faux airs y tiennent lieu de la décence, le jargon y a remplacé l'esprit, la sotte galenterie a pris la place de l'Amour, sur toutes les infidélités les plus éclatantes y sont devenues un jeu du bon ton.... Je ne sçais si je dois en croire un sécret pressentiment ; mais je sens renaître dans mon ame une lueur d'espérance. Peut-être que l'infidelle Génie aura établi sa demeure dans cette ville, comme la seule où la mode & l'exemple puissent lui épargner les remords dont son crime devroit le dévorer. Adieu, continua la Fée en se tournant vers moi, je vais me rendre invisible & courir où la haine m'appelle. Veuille le Ciel vous préparer un

» ſort moins triſte que le mien & » diſſiper les ſoupçons que j'ai pû » exciter chez vous ſur la conſ- » tance d'Eléonore ! Peut-être ſe- » rez-vous aſſez heureux pour la » retrouver un jour fidelle. On a » quelquefois vû les Dieux faire » de pareils miracles. »

Elle ſe diſpoſoit à partir. Vous allez donc me quitter, lui dis-je en l'arrêtant ? Où ſont les ſecours que vous venez de m'offrir il n'y a qu'un inſtant. Loin d'Eléonore, demeuré ſeul au monde puiſque j'étois privé de ſa vûe, j'oſois me flatter que ſon cœur éprouvoit les mêmes allarmes, & cette chere idée me faiſoit jouir d'une eſpece de tranquillité qui ſembloit adoucir ma peine. Vous avez jetté dans mon ame les ſémences d'un trouble qui commence à m'accabler, & l'état ou je vous vois réduite me donne pour mon amour les craintes les plus amères. Si Eléonore eſt infidelle, que ne puis-je au moins me venger comme vous, ſi au contraire elle n'a point oublié ſes ſermens, que ne m'eſt-il permis de la revoir & de lui jurer que de tous les hommes je ſuis le plus tendre! Puiſſante Fée, m'écriai-je en me jettant à ſes pieds, la Ville où vous allez entrer eſt le lieu où l'on me cache l'aimable Eléonore, ſouffrez que je parcoure avec vous... Eh bien interrompit Almanzine, tu peux y ſuivre mes pas, j'y conſens, prens cette ceinture, elle te rendra inviſible comme moi. Profitons des momens. Viens où te tirer d'une fatale erreur où t'applaudir d'un bonheur auquel j'aurois borné tous mes vœux. Tranſporté de joie d'avoir obtenu cette faveur de la Fée, je lui en témoignai ma reconnoiſſance par mille expreſſions. Je m'emparai de la ceinture myſtérieuſe, & je pris avee elle le chemin de Cithéropolis, partagé entre le déſir de trouver Eléonore brûlante des mêmes feux & la crainte de la trouver infidelle ; mais toujours ſatisfait de l'eſpérance de la revoir bientôt.

CHAPITRE II.

Commencement de l'Ouvrage.

EN peu de tems nous nous trouvâmes dans les Fauxbourgs de Cithéropolis. Almanzine qui croyoit que les demeures de ces quartiers, n'appartenoient qu'à ceux qui n'étoient pas aſſez fortunés pour habiter à grands frais le centre de la ville, ne vouloit point s'y arrêter ; & comme le Génie infidelle poſſédoit des richeſſes immenſes avec leſquelles il avoit ébloui les yeux de ſa nouvelle Amante, elle s'obſtinoit à ne le chercher que dans ces vaſtes Palais, conſtruits avec plus de magnificence que de goût où les Grands étalent leur luxe. Moi que connoissois mieux qu'elle les usages du pays, je l'assurai que toutes ces maisons pour avoir l'extérieur moins brillant ne renfermoient pas au dedans moins de somptuosité & d'agrémens ; que la mode les avoit depuis long-tems consacrées au Plaisir, & que la plûpart de celles dont nous étions environnés avoient pour maîtres où les plus riches Seigneurs de la Cour, où (ce qui dans notre siécle est presque une même chose) ces demi-Dieux de la terre, connus sous le nom de Financiers. C'est ici, continuai-je, où l Amour a établi son séjour le plus délicieux. La tranquillité de ces retraites lui convient mieux que le tumulte d'une grande Ville. Le Ministre vient s'y délasser des fatigues du gouvernement. L'homme de robe y dépose une gravité embarrassante ; & le Courtisan y perd le souvenir d'avoir été ſupplanté par un concurrent plus favoriſé que lui. Les uns & les autres ne doivent tant de prodiges différens qu'à quelques voluptueuſes Agnès que l'on y empriſonne par prudence, mais que leur volupté même ou l'intérêt de leurs ſurveillans rendent libres auſſi-tôt qu'elles ont acquitté les devoirs de leur état. Perſuadez-vous donc, lui dis-je, que ſi votre Génie eſt un homme qui ne courre point après la réputation d'homme extraordinaire, il n'aura pas manqué de prendre dans quelque endroit de ces Fauxbourgs un établiſſement de l'eſpece que je viens de dire. Décemment il a fallu qu'il ſe laiſſe entraîner par la Mode & par l'exemple & ce ſont eux ici qui dictent les loix. A dire vrai je vous croyois mieux inſtruite des moeurs de cette ville. Je conviens, répondit la Fée, qu'après m'en avoir souvent raconté mille choses singulieres, on a eu tort de me laisser ignorer celle-ci, car si j'en juge par le caractère des habitans, on ne tarde guere à passer chez eux pour ridicule, lorsqu'on n'a pas encore eu le tems d'acquérir une connoissance exacte de tous leurs usages. Mais sans nous consumer en d'inutiles propos, cherchons à remplir l'objet qui nous conduit l'un & l'autre. En disant ces mots elle me fit entrer dans une maison dont la porte venoit de s'entr'ouvrir. C'étoit celle d'une jeune Personne, que dès le berceau l'on avoit formée pour le Théâtre, comme une heureuse perspective où elle pouvoit étaler ses charmes avec le plus d'avantage. Sa legereté soutenue des graces d'une taille déliée, en avoient fait une excellente Danseuse, & elle avoit même autrefois déployé ſes talens au *Magaſin* où elle avoit eu le bonheur de débuter par une avanture d'éclat. Les hommes l'avoient trouvée charmante, & ils avoient raiſon ; pour les femmes elles lui avoient toutes remarqué un air dur, contraint & ſans grace. Chacun avoit dit là-deſſus ſon avis ; & comme cela formoit deux partis contraires, la diviſion ne pouvoit manquer d'éclater dans un lieu ſur-tout où l'on ne connoît gueres les expreſſions fardées. La jeune Danſeuſe vit avec plaiſir que l'intérêt de ſes charmes étoit devenu la matiere d'une diſpute preſque ſérieuſe. Toute la ville en fut informée dès le lendemain. A la premiere nouvelle qui s'en répandit, les Petits-Maîtres de Cithéropolis ſe mirent ſur les rangs, parce qu'ils avoient la ſotte vanité de vouloir paſſer pour les Adorateurs de toutes les jolies femmes. Auſſi-tôt les Billets doux volerent de part & d'autre. Ils ne manquerent pas de dépêcher leurs Favoris pour prendre langue, quoiqu'ils ne prétendiſſent rien au cœur de la Danſeuſe, & que pluſieurs d'entr'eux n'euſſent pas même une fortune aſſez brillante pour ſe charger d'elle ; car celle-ci avoit pour Gouvernante une vieille femme, qui avoit mis les charmes de ſon Eleve à un prix qui n'étoit point du tout modeſte.

Chaque inſtant voyoit croître le nombre de ſes Partiſans. L'un d'eux, plus ardent que les autres, & qui ſçavoit que les premieres faveurs ne ſont jamais reſervées à ceux qui les achetent, voulut eſſayer de l'attendrir ; mais comme elle ne s'étoit point encore rendue familiere avec cette Morale, le galant ne trouva en elle qu'une

Beauté farouche qui refusa constament ses homages, lorsqu'elle vit qu'ils n'avoient rien de solide. L'aventure parut extraordinaire ; elle fit du bruit ; le Petit Maître fut deshonoré, car il s'étoit jusques-là conservé la réputation de tout subjuguer ; la belle ne manqua pas de s'en applaudir, parce qu'elle jugea bien que la résistance qu'elle avoit montrée, ne serviroît qu'à rendre sa conquête plus précieuse ; & ses Rivales qui ne pûrent dissimuler leur surprise, décidèrent que ce n'étoit qu'une *Bégueule* qui ne sçavoit pas encore la façon dont on devoit se comporter avec un Galant-homme. Elles ajoutèrent que leur nouvelle Compagne n'en auroit pas moins valu après cet essai, & qu'il falloit au moins ou qu'elle ignorât l'art de multiplier ce Trésor que tous les hommes cherchent, & que très-peu ont le bonheur de trouver, ou qu'elle crût vivre dans un ſiécle où les dupes avoient manqué. On ſent bien auſſi qu'au fonds elles étoient peu ſatisfaites de voir au milieu d'elles une fille de quinze ans aimable, qui pouvoit au moins ſe vanter d'avoir rendu vains les efforts d'un homme qui n'étoit pas ſans agrémens, tandis qn'elles ne pouvoient ſe rapeller à elles-mêmes une ſeule occaſion où elles euſſent refuſé de ſe rendre aux deſirs de l'homme le plus mal fait. Il n'en falloit pas tant pour exciter leur haine; elles conjurerent ſans pitié contre elle, ne la regarderent qu'avec mépris, & n'en ſeroient peut-être pas demeuré là, ſi un riche Préſident n'étoit venu la dérober à leur jalouſie, en la faiſant changer d'état. Ce fut lui qui la plaça dans le Fauxbourg où nous la rencontrâmes; elle y demeuroit depuis un an. Le Président qui n'avoit rien oublié d'abord de tout ce qui pouvoit lui plaire, retira tout à coup ses bontés sur une légère imprudence qui justifioit assez son changement.

L'Exdanseuse avoit reçu plus d'une leçon d'amour dans le tems qu'on la formoit à la danse ; elle avoit conservé un goût très-vif pour un jeune homme à peu près de son âge nommé Hyppolite. Ils avoient été élevés ensemble. Celui-ci, dès l'enfance, avoit donné pour elle des marques d'une singuliere sensibilité ; il n'avoit pû voir sans amertume que les charmes de son amante alloient appartenir à un autre que lui. Né dans un état médiocre, sans biens, il avoit été contraint de céder à la necessité. Dès ce moment on l'avoit vû tomber dans une mélancolie dont il s'obstinoit à cacher la cauſe. Sa jeune amante ne put ſe refuſer à la douleur que ce ſpectacle lui cauſoit ; mais cela dura peu ; ſon début dans le monde, & toutes les circonſtances dont il fut accompagné, firent chez elle une eſpece de revolution qui aſſoupit ſa premiere ardeur, & ſecha ſes larmes. Hyppolite avoit couru cacher ſon deſeſpoir dans l'un des Fauxbourgs de Citheropolis où il s'étoit retiré, & le haſard voulut que ce Fauxbourg fût le même que celui que le Préſident avoit choiſi.

Un jour qu'Angelique (c'eſt le nom de la Danſeuſe) étoit allée avec le Preſident reſpirer le frais dans une promenade éloignée de la Ville d'environ une demilieue, elle apperçut Hyppolite qui étoit venu lui-même dans cet endroit promener ſes rêveries ; l'incarnat avoit diſparu de ſes belles joues ; les lys de ſon teint avoient fait place à une pâleur qui indiquoit aſſez à Angelique la cauſe de ſon mal. Dans le triſte état où ſes chagrins l'avoient réduit, il n'y avoit qu'Angelique qui pût ne le pas méconnoître ; pour Hyppolite il avoit les yeux ſi accablés, qu'il ne l'avoit pas même apperçue. Son étonnement & ſa joye, à la vûe de ſon amant, cauſerent chez elle une émotion & un friſſonnement qui ſurprirent le Preſident à ſon tour ; il lui fit à ce ſujet mille queſtions. Pour s'en débarraſſer, elle feignit un violent mal de tête, & lui propoſa de s'en retourner, eſperant qu'elle ne manqueroit pas de revoir Hyppolite ſur la route, & qu'elle ſeroit peut-être aſſez heureuſe pour en être vûe. Mais ſoit qu'Hyppolite fût deja trop loin, ſoit qu'il eut pris un chemin oppoſé, Angelique eut la cruelle douleur de ne l'avoir retrouvé que pour le reperdre encore. Elle rentra chez elle pénétrée de la plus vive douleur ; le ſouvenir d'Hyppolite l'y occupa toute entiere. Sur-tout, l'impreſſion qu'avoit fait ſur elle l'affoibliſſement de ſes charmes ſe ranima. Il en falloit moins pour flatter en même-tems ſon amour & ſa vanité. Sa paſſion reprit ſa premiere force, & elle ſeroit devenue bientôt dans un état peu différent de celui d'Hyppolite ſans une petite aventure à laquelle Angelique n'avoit pourtant aucune part, comme on le verra dans le Chapitre ſuivant.

CHAPITRE III.

DESCRIPTION.

Suite du Chapitre précédent.

NON loin du logis d'Angelique étoit un de ces Temples où l'intérêt, ſous le nom de l'Amour offre aux Voluptueux une continuelle retraite. Là ſont confondus l'âge & le rang, le Fat & l'Homme de bien, le Noble & le Roturier, l'Etranger & le Citoyen, y ſont également reçus. Les Divinités qui y préſident, loin de refuſer les offrandes qui leur ſont préſentées, excitent leurs Adorateurs à brûler ſur l'Autel un encens profane. Quelques-uns guidés par la prudence ou par la crainte, inſtruits par l'exemple ou par une cruelle expérience, ne leur rendent que des hommages faux ; d'autres moins prudens & plus foibles tout enſemble, ſe laiſſent envelopper dans leurs filets, & vont bientôt après déteſter dans les tourmens & l'amour & leurs Syrènes. La Pudeur qui anime les deſirs, eſt bannie de ce lieu ; le Sentiment & la Délicateſſe y ſont regardés comme des êtres imaginaires ou fanatiques. La Volupté à qui il faut une double parure, y eſt toute nue ; l'on n'y connoît les loix de la préférence, que pour l'accorder à ceux qui la méritent le moins, mais qui l'achetent. De-là naiſſent les tumultes & les diviſions dont ces Déeſſes malheureuſes ſont ordinairement les premieres victimes. . . . .

Il y avoit quelques ſemaines

qu'elles jouiſſoient tranquillement du produit de leurs charmes, lorſqu'un coup affreux du Deſtin vint arrêter leurs ſuccès, en les réduiſant à une dure captivité. Deux de leurs Adorateurs les plu dévoués, en furent la cauſe innocente. Une legere querelle, dans laquelle l'une & l'autre voulurent faire briller leur courage, occaſionna ſeule tout le déſordre. Il fut ſi grand, qu'il tranſpira bientôt dans le centre de la Ville. Nos Divinités eſſayerent long-tems de détourner l'orage de deſſus leurs têtes; mais quelques efforts qu'elles euſſent employé, un ordre ſupérieur ſans égard pour leurs larmes, ſans reſpect pour leurs Myſteres, renverſa dans un inſtant les Autels & le Temple.

Tout cela n'avoit pû ſe faire ſans beaucoup d'éclat. La curioſité d'Angélique, excitée par le bruit de la Populace, la conduisit à l'une des fenêtres de l'appartement. Elle vit avec peine qu'on faisoit essuyer à ces infortunées des traitemens qui lui parurent d'autant plus injustes, qu'elle avoit avec elles une conformité d'état qui ne pouvoit lui laisser voir avec indifférence de pareils revers. Il semble d'ailleurs que nous soyons plus portés à plaindre ceux que le Sort a fait nos égaux. Angélique ; en s'occupant de ces réflexions, portoit ses regards de différens côtés sur tous ceux que l'éclat de cette aventure avoit assemblé aux fenêtres des maisons voisines. Quelle fut sa surprise, lorsqu'après les avoir fixé longtems sur un jeune homme qui étoit comme elle témoin de l'aventure, elle crut reconnoître son cher Hyppolite ! A peine pouvoit-elle de si loin distinguer les objets.

Peu s'en fallut qu'elle ne se détermina à courir à lui, mais la crainte de déplaire à sa Gouvernante la retint. Elle se contenta de former mille projets que la difficulté de l'exécution rendoit inutiles. Le Président qui arriva presque dans ce moment, la trouva de si mauvaise humeur qu'il s'en retourna bientôt mal satisfait. Elle en montra de la joie & se préparoit à reprendre ses reflexions, lorsque la Gouvernante qui avoit ses craintes & qui voyoit avec inquiétude que chaque instant diminuoit les charmes d'Angelique, surprise d'un départ aussi prompt & dont elle devinoit assez la cause, vint encore les interrompre. Elle lui représenta à quels malheurs elles se trouveroient exposées l'une & l'autre par son imprudence, si, dans un tems où ses attraits perdoient tous les jours de leur prix elle rebutoit encore le Président par des caprices qui seuls suffisoient pour exciter son inconstance. Elle y joignit mille reproches auxquels Angélique refusa long-tems de répondre ; mais un double intérêt, celui de son amour & celui de sa fortune, la força enfin à s'expliquer. Ma chere bonne, lui dit-elle en pleurant, n'attribuez qu'à mon infortune ce que vous osez croire l'effet d'un caprice. Me préserve le Ciel de faire aucune chose qui puisse m'attirer vos reproches ! Je n'en mérite aucuns. Plaignez plutôt une malheureuse qui n'a pû résister aux charmes d'une passion innocente. Vous connoissez Hypolithe ; c'est lui qui le premier a fait naître l'amour dans mon cœur; je dois vous l'avouer. Le soin de ma fortune n'a pû me faire oublier les douceurs que cet amour m'a fait goûter. Depuis que mon Destin m'a arraché de ſes bras, je n'ai trouvé rien encore qui ait pû me conſoler de ſa perte ; & quels biens peuvent tenir lieu de ce qu'on aime ! J'ai combattu long-tems ce fatal penchant, & j'aurois réuſſi peut-être à effacer peu à peu de mon cœur cette image trop chere si un inſtanr de ſa vûe n'avoit ranimé ma premiere ardeur. C'eſt depuis ce tems que je ſuis tombée dans cette langueur dont vous avez juſqu'ici ignoré la cauſe. Elle alloit raconter le triſte état auquel Hypolithe étoit lui-même réduit ; la Vieille qui s'étoit beaucoup impatientée pendant ce récit, ne lui permit pas de continuer. Loin de ſe laiſſer attendrir par les diſcours & les pleurs d'Angélique, elle ſe répandit en injures contr'elle. Enſuite elle employa tout ce qu'elle crut capable de lui perſuader que l'ntérêt de ſon ambition étoit ſeul ce qui devoit occuper l'eſprit d'une fille raiſonnable, que le reſte n'étoit que folie ou chimère. Elle ajouta qu'elle auroit peut-être montré plus d'indulgence ſi Angelique n'avoit eu pour Hyppolite que le goût paſſager qu'on cherche à ſatisfaire avec un homme qui plaît ; mais qu'avec la violente paſſion qu'elle marquoit pour lui, il étoit impoſſible qu'elle ſçût ſe contraindre dans les bornes que la Prudence exigeroit pour conſerver le Préſident. Elle en conclut qu'il falloit renoncer à Hyppolite. Angelique après avoir encore longtems pleuré cria beaucoup & s'emporta fortement contre ſa Bonne. Celle-ci accoutumée à la trouver plus douce, voyant que les menaces l'avoient peu ſervi, ſe donna bien de garde de l'irriter davantage, parce qu'elle ſçavoit bien que toute ſa fortune étoit entre les

les mains d'Angelique. En moins d'un quart d'heure elle se radoucit au point qu'elle promit d'aller trouver Hyppolite dès le soir même. La joye que ce changement porta dans le cœur d'Angelique, n'est comparable qu'à la douleur qu'elle avoit ressenti quelques instans plûtôt. La Bonne ne manqua pas de se rendre chez Hyppolite, comme elle l'avoit promis. Il étoit seul ; dès qu'il l'eût apperçû, il accourut à elle, en lui faisant, sur le sort de sa chere Angelique, mille questions, qu'il interrompoit sans cesse d'autant de baisers. Ma chere Elvire, lui dit il, quel hazard a pû vous faire découvrir le lieu de ma retraite ? Reverrai-je Angelique ? M'a-t-elle oublié ? .... Il ne pût en dire davantage. A peine Elvire lui eût-elle appris qu'Angelique désiroit de le voir, que, sans consulter plus long-tems, il la conjura de le conduire chez elle à l'inſtant même. Tout le monde croira peut-être qu'ils partirent ſur le champ ; mais Elvire, qui étoit venue dans le deſſein de l'emmener avec elle, s'en retourna ſeule avec une autre réſolution.

CHAPITRE IV.

ESPÉRANCE TROMPÉE.

Un malheur n'arrive jamais ſeul.

RIEN n'eſt plus violent qu'un feu qui ſe rallume, après avoir paru long-tems éteint. Elvire étoit une petite perſonne qui comptoit environ ſoixante ans. Comme ſa figure ne pouvoit inſpirer alors que du dégoût, & qu'elle ne reſſembloit point à ces Coquettes qui veulent encore être belles avec des charmes usés, elle convenoit de bonne foi qu'elle avoit passé la saison de plaire; mais elle vouloit toujours qu'on se ressouvint qu'elle n'avoit pas autrefois manqué d'agrémens. C'est le retranchement ordinaire aux femmes surannées. Les Graces comme le tems ne peuvent se fixer. Il semble qu'on veuille, par le souvenir d'un Passé agréable, diminuer les regrets que le Présent nous cause; comme si l'un pouvoit jamais dédommager de l'autre. Elvire, qui n'avoit peut-être jamais fait attention à la bonne mine d'Hyppolite, par une bizarrerie dont elle seule pouvoit rendre compte, s'étoit avisé de lui trouver ce jour-là un air charmant, qui perçoit à travers l'espéce de voile que le chagrin avoit répandu sur son beau visage. Elle ne l'avoit pas plûtôt instruit du sujet de sa ſa viſite, qu'elle avoit ſenti au-dedans d'elle-même un certain je ne ſçais quoi, qu'elle auroit pû autrefois définir, & dont elle avoit perdu juſqu'au ſouvenir, tant il y avoit de tems qu'elle n'avoit rien éprouvé de ſemblable. Qu'il eſt beau, qu'il eſt joli! s'étoit-elle écriée pluſieurs fois. Hyppolite, qui n'étoit pas comme les grands Seigneurs, & qui avoit toujours déteſté les louanges fades & déplacées, s'étoit efforcé de lui perſuader qu'il n'étoit queſtion pour lui que de courir aux genoux de ſa chere Maîtreſſe. Cet empreſſement n'avoit pas manqué de déplaire à Elvire. Pour le punir, elle arrangea une Hiſtoire, dans laquelle elle ſuppoſa qu'il ne pouvoit voir Angelique que dans quelques jours. Le terme lui parut long. Rendez au cœur une lueur d'eſpérance, il voudroit déja avoir atteint le but. Elvire ne tarda pas à mettre en usage tout ce qu'elle crut pouvoir ramener chez Hyppolite la tranquillité. Elle commença par s'asseoir à ses côtés, badina long-tems avec ses cheveux, & en lui serrant les mains bien fort, lui entama un détail circonstancié de toutes les avantures galantes qu'elle disoit avoir eu dans sa jeunesse. C'étoit toujours des jeunes gens aimables qui avoient avec Hyppolite mille traits de ressemblance, le même port, sa taille, sa voix. Comme elle parloit d'un tems éloigné, elle ne rougissoit point de faire sincérement l'aveu de toutes ses foiblesses. Les récits échauffent quelquefois, & elle s'échauffoit aussi. Tantôt elle carressoit le menton d'Hyppolite, tantôt elle appuyoit la main sur ses joues, & elle ne manquoit jamais d'y joindre ce refrain : qu'il est joli ! qu'il eſt beau ! Lui, de ſon côté, qui étoit dans des agitations bien différentes, n'avoit preſque rien remarqué de tout ce badinage. Par diſtraction, il fixa les yeux ſur Elvire, & il ne fut pas peu ſurpris de voir dans tout ſon ajuſtement un petit déſordre qu'il n'avoit pas apperçû juſques-là. Celle-ci, qui vouloit précipiter le dénouement, lui tint des diſcours ſi précis, & ſoutenus de démonſtrations ſi claires, qu'il étoit impoſſible de s'y méprendre. Extaſié de l'entrepriſe de cette vieille folle, Hyppolite l'auroit peut-être envoyé à tous les diables, ſi le beſoin qu'il avoit d'elle ne l'eût forcé à des ménagemens. Le ſeul parti fut de paroître n'avoir rien vû. Il ſe leva en prétextant une affaire qui l'obligeoit à partir. Elvire, un peu déconcertée, mais dont l'expérience lui avoit quelquefois ſervi à se tirer d'aussi mauvais pas, répara à la hâte son inutile dérangement, se leva, prit un air sérieux, & déclara froidement à Hyppolite que, tout bien consideré, & quelque envie qu'elle eût de l'obliger, elle ne pouvoit lui procurer le plaisir d'embrasser Angelique, sans courir un risque que celle-ci partageroit à coup sûr avec elle. Ainsi voilà Hyppolite rendu à son premier état, c'est-à-dire, désesperé pour la seconde fois, mais plus cruellement encore que la premiere.

CHAPITRE V.

RÉFLEXIONS DE PART ET D'AUTRE.

Quel pas à ſauter !

PENDANT que tout ceci ſe paſſoit entre Elvire & Hyppolite, Angelique ſeule & livrée à elle-même, ſe nourriſſoit par avance de l'idée de mille plaiſirs. Elle ne manqua pas de trouver qu'Hyppolite tardoit beaucoup ; l'amour rend toujours impatient. Cependant tous les ſoins qu'elle ſe mit en devoir d'employer pour ſa parure; la conduiſirent inſenſiblement au moment où Elvire vint frapper à la porte de ſon cabinet. Angelique, croyant toujours qu'Hyppolite l'avoit accompagné, voulut y courir ; mais ſes genoux ſe déroboient ſous elle. Malgré ſon ſaiſiſſement, elle l'ouvrit enfin. Combien elle fut trompée, lorſqu'elle vit la Bonne ſeule ! Sans lui faire aucunes queſtions, elle rentre dans le Cabinet, & ſe précipite ſur ſon Sopha. Elvire avoit été trop long-tems abſente, pour qu'il fût poſſible de croire qu'elle n'avoit pas trouvé Hyppolite chez lui. Qui avoit pû l'empêcher de voler dans ſes bras ? Pouvoit-il répondre avec plus d'indifférence à l'empreſſement qu'elle avoit montré ? Elle commença donc par s'affliger beaucoup. Sans doute il ne m'aime plus, s'écria-t-elle, & cet abbattement dans lequel je l'ai vû enſeveli, eſt cauſé par une Amante plus heureuſe que moi..... Après tout, continua-t-elle, lorſqu'elle eut fait un moment de réflexion, eſt-il le ſeul coupable ? & n'ai-je pas à me reprocher à moi-même son inconstance, puisqu'elle n'est que l'effet de la mienne? Ensuite, s'adressant à Elvire, elle lui demanda par quels détours il avoit cherché à colorer sa froideur & ses mépris; car une femme que l'on n'aime plus se croit toujours méprisée. Elvire, qui avoit eu le tems de se préparer, & dont le cœur étoit encore gros de l'affront que ses charmes venoient d'essuyer, profita de l'erreur dans laquelle Angelique s'étoit elle-même jettée, & ne songea qu'à l'y plonger davantage.

De quelque genre que soient les maux qu'on éprouve, il semble qu'on les voit s'adoucir, lorsqu'on a quelqu'un qui les partage. C'est toujours une sorte de satisfaction de n'être pas tout seul malheureux; & si l'on en demandoit la cause, je crois qu'il faudroit la chercher dans la malignité du cœur de la plûpart des hommes.

Elle lui raconta donc malignement qu'elle avoit vû Hyppolite, qu'il n'étoit pas tout-à-fait aussi insensible qu'elle le croyoit à son souvenir; mais qu'inutilement elle l'avoit excité à procurer à Angelique la satisfaction de le voir dès le soir même, qu'il s'en étoit défendu, & avoit seulement promis de venir dans peu de tems..... Cette réponse confirma bien-tôt tous les soupçons d'Angelique. Une passion vive ne connoît point les délais. Elle jugea qu'elle n'étoit plus aimée. Quand une femme n'a pas obtenu de l'Amour tout ce qu'elle désire, la fierté devient sa ressource. Elle se reprocha la démarche qu'elle avoit faite auprès d'Hyppolite, crut qu'elle alloit le haïr, & Jura, s'il se présentoit un jour à sa porte, de la lui refuser. Cela ainsi arrangé, elle pria Elvire de se retirer, & de la laisser seule.

Quelque grande que fut la haine qu'elle venoit de concevoir pour Hyppolite, elle ne laissa pas de continuer à s'occuper de lui avec plaisir. Après avoir épuisé tous les reproches que son indifférence méritoit, elle se rappella ces délicieux momens qu'elle avoit autrefois passés avec lui...... Quelle tendresse alors il lui avoit montrée! Elle eut expiré de joye en le retrouvant fidéle. Cette pensée l'attendrit au point qu'elle en versa des larmes. Son attendrissement tourna sans qu'elle s'en apperçût au profit d'Hyppolite. L'Amour offensé s'emporte vivement, il s'appaise de même. Ajoûtez à cela que dans presque toutes les occasions la Vanité, qui n'est jamais oisive, parle au cœur. Celle d'Angelique ne manqua pas de lui dire que ſes craintes l'avoient conduite trop loin, qu'une fille de ſon âge n'étoit point faite pour eſſuyer de pareilles diſgraces, qu'il y avoit là-dedans quelque choſe d'extraordinaire qu'elle ne pénétroit point; & que ce qu'elle attribuoit au refroidiſſement d'Hyppolite, n'étoit peut-être que l'effet d'une timidité qui devoit lui être précieuſe. Angelique ne jugea pas à propos de pouſſer ſes idées plus avant, & s'en tint à celle-ci, comme celle qui la flattoit le plus. Elle ſoupa de bonne heure, & ſe coucha tranquillement, ce qui ſurprit beaucoup ſa Gouvernante.

Elvire ne fut pas plûtôt au lit, que réflechiſſant ſur la tranquillité dans laquelle elle avoit retrouvé Angelique, elle commença à concevoir des inquiétudes. D'abord elle appréhenda qu'Angelique ne vint de former quelques projets qui puſſent déranger les ſiens. Celui d'écrire à Hyppolite, de lui reprocher ſon indifférence, auroit pû lui paroître un moyen de le ramener plus ſûrement à elle. Que ſeroit devenue la Bonne, s'ils fuſſent parvenus de la ſorte à démêler la tromperie qu'elle leur faiſoit ! Mais elle ne s'arrêta pas long-tems à cette penſée, parce qu'étant la ſeule qui eut accès auprès d'Angelique, celle-ci ne pouvoit guères exécuter un pareil deſſein, ſans qu'elle en fût inſtruite ; & elle s'imagina bien-tôt quelque choſe de tout oppoſé. Angelique avoit montré bien du dépit. Quoique ces marques de courroux tiennent ordinairement plus à l'amour qu'à la haine, il n'étoit pas impoſſible que l'indifférence d'Hyppolite eût réfroidi l'ardeur de ſa paſſion. Elle borna donc toutes ces eſpérances à celle de le conſoler de la perte d'Angelique ; car elle ne voulut jamais ſe perſuader qu'il pût réſiſter toujours aux agaceries qu'elle avoit mis en uſage pour le ſéduire. On penſe bien qu'elle étoit dans l'intention de retourner à la charge une ſeconde fois.

Si Angelique & ſa Gouvernante trouverent ainſi le moyen de ſe tranquilliſer, il n'en fut pas de même d'Hyppolite. La douleur d'avoir perdu pour jamais l'eſpoir de retrouver Angelique, dont Elvire lui avoit caché la demeure, l'accabla tellement qu'il n'en pût contraindre l'expreſſion. Ce qui l'affligeoit le plus, c'étoit la ridicule paſſion qu'Elvire lui avoit montrée. Comme ſon ſort ne dépendoit que d'elle ſeule, il auroit bien voulu pouvoir ſe la rendre favorable. Selon toute apparence, il n'y avoit qu'un moyen ; comment y ſonger ſans frémir ? Les

Amans sçavent vaincre bien des difficultés, mais celle-ci lui paroissoit invincible.

Toutes ces réflexions lui devinrent fort inutiles, lorsqu'il songea qu'il ne reverroit peut-être plus Elvire, qui n'avoit pas dû s'en aller fort satisfaite. Il ignoroit qu'une passion emportée ne se rebute de rien. Le lendemain il se leva de bonne heure. Il s'occupa encore des mêmes idées, & quelque vif que fut son amour, il jura qu'il renonceroit plûtôt à Angelique, que d'acquerir à ce prix sa possession.

CHAPITRE VI.

Qui apprend qu'il ne faut jamais jurer de rien.

IL étoit plongé dans toutes ces agitations, lorſqu'Elvire entra chez lui. Quoique ſa vûe lui eût cauſé en même-tems de l'embarras & de la ſurpriſe, il l'aborda avec politeſſe. Notre intérêt particulier exige ſouvent de nous bien des ſacrifices. Il l'embraſſa avec une apparence de tendreſſe. La Bonne en fut ſi ravie, qu'oubliant la triſte circonſtance où elle s'étoit trouvée la veille, elle fit paroître la même ardeur. Hyppolite, qui faiſoit ſes efforts pour y répondre, ſçut ſe contraindre aſſez pour lui faire croire qu'il étoit diſpoſé à la partager. Il s'en falloit pourtant de beaucoup qu'il fût alors déterminé à donner à Elvire toute la ſatisfaction qu'elle demandoit. Il penſoit au contraire qu'elle auroit la modeſtie de ſe contenter de ces légeres entrepriſes de l'amour, qu'on prodigue ſans peine à celles qui en inſpirent, mais qui coûtent toujours bien cher avec celles qui n'en inſpirent pas. Sans autre deſſein que celui d'obtenir d'elle la permiſſion de voir Angelique, il continua ſes inſtances & ſes embraſſemens avec tant de feu, qu'Elvire, qui croyoit toujours qu'il avoit envie de réparer ſes premieres fautes, ſe laiſſa tomber doucement ſur un fauteuil, en entraînant Hyppolite dans ſa chûte. Soit qu'elle l'eût attiré trop violemment, pour qu'il lui fût impoſſible de ſe défendre, ou que dans ces inſtans une femme, quelqu'elle ſoit, jouiſſe de tout l'avantage que le goût du plaisir donne à son Sexe sur le nôtre ; Hyppolite troublé, hors de lui-même, montra, sans le vouloir, qu'il n'est point d'obstacles qu'un Amant bien épris ne vienne à bout de surmonter. De son côté, Elvire égarée, interdite, éprouvoit dans tous ses sens une révolution incroyable. Qu'on se figure une machine, dont les ressorts ont été long-tems sans mouvement, & se développent pour reprendre leurs anciennes fonctions. ..... Hyppolite, qui avoit vû d'abord avec joye que le terme de ses malheurs étoit arrivé, par un sentiment, dont on devinera peut-être la cause, alloit se consumer en regrets sur le passé, si le plaisir de retrouver Angelique n'eût effacé ces impressions. Il ne fut pas plûtôt débarrassé de son fardeau, qu'il en parla à Elvire avec émotion. Celle-ci, dont les feux venoient de s'éteindre, ne pût, en recouvrant sa raison, jetter les yeux sur Hyppolite sans un mouvement de honte. Elle lui ordonna le sécret, comme s'il eût été homme à publier une pareille histoire, & le conduisit sur le champ chez Angelique.

On pense bien qu'elle ne manqua pas de lui faire d'abord de vifs reproches, qu'il eut la complaisance de souffrir, parce qu'il étoit convenu avec la Bonne de ne rien découvrir de la ruse qu'elle avoit employée ; mais l'Amour, qui gagne toujours à tout ce qu'il fait, se servit de cette petite querelle, pour rendre leurs désirs plus violens. Tout fut promptement réparé, & ils se retrouverent plus amans que jamais.

Dans la suite ils ne manquerent pas de se revoir toutes les fois que le Présìdent laissoit Angelique libre, & il auroit toujours ignoré leur commerce, ſans une indiſcrétion, qui auroit flatté ſans doute la vanité de tout autre que lui. Angelique vit avec déſeſpoir qu'elle alloit devenir mere. Elle jugea aiſément que ce coup pouvoit cauſer ſa perte; mais comme le Préſident étoit un homme ſimple & crédule, il n'étoit pas impoſſible de lui perſuader que la gloire en appartenoit à lui ſeul. Elvire & Hyppolite, qui n'avoient pas eu les mêmes craintes, parce qu'ils ne connoiſſoient pas, comme Angelique, le véritable prix du Preſident, déciderent que, pour éviter les ſoupçons, il falloit qu'elle lui fit l'aveu de ſa ſituation, & qu'elle affectât de s'applaudir avec lui de l'heureux effet de ſon amour. Il étoit attendu le ſoir même que nous nous étions introduits chez

Angelique. Hyppolite étoit alors avec elle. Le bruit d'un Carrosse qui s'arrêta annonça le Président. Hyppolite gagna avec précipitation une porte à l'extrémité du Jardin. Le Président entra d'un air gai, s'excusa sur son retardement, & fut dans le même instant grondé d'un ton sérieux, & accablé des plus vives carresses. Je ne pouvois m'empêcher de rire de l'apparence de vérité qu'elle donnoit à ses faux transports, & j'attendois avec impatience qu'elle lui découvrît l'important sécret qui lui avoit causé tant d'allarmes. A l'air insinuant, dont elle lui débitoit mille extravagances, je ne doutai point que cette nouvelle duperie n'eût tout le succès qu'elle s'en étoit promis. Pour se l'assurer, elle choisit le tems qui lui parut le plus favorable, un des momens, où enlevés à nous mêmes, nous ne voyons, nous ne ſentons, nous ne reſpirons que par l'objet préſent. Mais à peine Angelique eût-elle entamé deux mots du myſtère, en félicitant le Préſident de ſes proüeſſes, que celui-ci, homme vrai, & qui ſçavoit ſe rendre juſtice, entra dans une affreuſe colere. Il proteſta qu'il ne méritoit point du tout la nouvelle qualité dont on vouloit le décorer, qu'il avoit ſes raiſons pout parler auſſi affirmativement, & qu'Angelique ne pouvoit pas les ignorer. Là-deſſus ſes emportemens recommencerent. Angelique, qui pouſſoit des cris perçans, fut traitée d'une façon peu reſpectueuſe. Pour moi, qui avois tant de fois vû des hommes ſe vanter d'être peres, dans le tems qu'ils étoient même incapables de le devenir, ſans attendre la ſuite de tout ceci, je m'en retournai avec Almanſine, qui fut ſurpriſe, autant que moi, d'une modestie aussi extraordinaire.

CHAPITRE VII.

Qui perd, gagne.

UN Equipage, leste & brillant, venoit de sortir d'une Maison voisine de celle d'Angelique. Nous n'eûmes pas de peine à nous y introduire, & nous y trouvâmes une jeune Etrangere, bien faite, qui, sans être parfaitement belle, réunissoit depuis longtems tous les suffrages de Cithéropolis. Avec un maintien noble, qu'elle n'affectoit point, on l'eût prise d'abord pour une Princesse du premier Rang. Quoique ses regards ne fussent point étudiés, ils n'en avoient pas une expression moins

moins touchante, & ses discours, dictés par l'enjouement, ne ressembloient point à ceux d'une Coquette, qui a coutume de se dévoiler jusques dans l'indécence de ses propos. Le désordre dans lequel nous la trouvâmes, nous fit bien juger que l'Equipage que nous avions vû, étoit celui d'un Amant, & d'un Amant favorisé. Je fais cette distinction, parce que l'Etrangere avoit la réputation de ne point accorder indifféremment des faveurs à tous ceux qui lui montroient des désirs, ce qui n'étoit pas peu surprenant dans un siécle tel que celui où elle vivoit. Comme celui-ci étoit de son goût, ce que je ne tardai point à apprendre, & qu'il ne devoit pas seulement à la qualité qu'il avoit auprès d'elle, ce qu'il obtenoit de son amour, on ne fit après son départ aucunes plaisanteries sur son compte, point de Galant caché dans la Ruelle, ou introduit par les Soubrettes, Zaïde (c'est le nom de l'Etrangere) se coucha tranquillement, après avoir donné quelques ordres pour le lendemain. Celui avec lequel tout se passoit dans cette Maison, m'étonna au point que je ne pus m'empêcher de demander à Almansine si elle ne s'étoit point trompée, lorsqu'elle m'avoit dit que Zaïde ne tenoit sa fortune & sa grandeur que des libéralités de l'Amour. J'aurois été du moins tenté de croire qu'elle étoit fidéle à l'Amant qui la protégeoit, si l'on pouvoit s'abuser jamais sur des choses qui choquent si fort la vraisemblance. Je me bornai donc à imaginer que cette conduite n'étoit occasionnée que par une indifférence naturelle pour tous les hommes en général. Son état, & le genre de vie auquel il sembloit la destiner, étoient peu capables de détruire cette idée. L'intérêt prête souvent à l'ambition d'une femme les voiles de la Volupté. J'étois prêt de faire là-dessus mille questions à la Fée, qui les prévint de cette maniere.

Zaïde avoit à peine quinze ans accomplis, lorsque l'un des plus riches Princes d'...... l'enleva du sein de sa Famille. La résistance qu'elle opposa d'abord aux efforts qu'on avoit employé pour la séduire céda bien-tôt à la vûe des richesses immenses de son Amant. Quoiqu'elle ne sçût point encore porter assez loin le déguisement, pour que celui-ci crut qu'elle n'avoit fait que se rendre à ses instances, il ne laissa pas de conserver pour elle la même ardeur. Pendant près de deux années que Zaïde lui demeura attachée, elle eut le tems de s'appercevoir que l'industrieuse passion des hommes sçait quelquefois prendre la forme des plus belles Vertus. La générosité du Duc de C. . . . . . (c'est son nom) s'étendit au-delà des bornes, & c'étoit en imaginant tout ce qui pouvoit de ce côté contribuer au bonheur de Zaïde, qu'il vouloit assurer le sien ; mais ce bonheur est d'une nature fragile, il ne tarda pas à en voir troubler la possession.

Zaïde avoit trop de charmes, & ces charmes, soutenus de tout ce que le luxe & la magnificence ont d'éclatant, la rendoient trop remarquable, pour que chaque instant ne fit point au Duc mille Rivaux. Son rang & ses richesses ne pûrent le garantir du coup que la bizarrerie du Destin semble réserver aux Grands. Zaïde, qui n'avoit été jusques-là qu'indifférente, devint infidéle. Quoique la fortune de son nouvel Amant n'eût rien qui pût la dédommager de ce qu'elle perdoit en quittant le Duc, elle se détermina sans peine à prendre avec un jeune Officier la route de Cythéropolis. Ce fut alors que le faste dans lequel elle avoit été élevée, lui devint funeste, & dépêcha la ruine de tous les deux. Ce contre-tems lui auroit causé sans doute de véritables regrets, si les connoissances qu'elle avoit acquises des mœurs & des coutumes de cette Ville, ne l'eussent assez convaincue qu'elle n'étoit pas tout-à-fait sans ressource, & que ses charmes lui en offroient une assurée dans un lieu sur-tout où la beauté peut tenir lieu du plus riche patrimoine. Elle ne tarda point à mettre à profit ces heureux secours, & elle est ainsi parvenue à effacer peu à peu le souvenir d'une faute, qui a cessé d'en être une, puisqu'elle est réparée. On la vit remplir ſucceſſivement les poſtes les plus brillans. La Finance ſur-tout eſt celui où elle s'eſt le plus diſtinguée & enrichie. Il n'y a pas long-tems que ſon Protecteur actuel, dont on ignore le nom, l'a engagé à tranſporter ſa retraite dans ce Faubourg. Le ſoin myſtérieux qu'il prend de demeurer ignoré, ce ſoin, que le goût du ſiécle a banni depuis long-tems, fait croire que c'eſt un de ces Amans ſacrés, qui n'oſant avouer tout haut une bonne fortune, dont ils ſeroient charmés d'être applaudis, font tout bas le ſacrifice de leur vanité à la néceſſité d'être diſcrets. Le Public, qui ne juge pas toujours bien sûrement, ne s'eſt point trompé dans cette conjecture; c'eſt cet Amant qui vient de quitter Zaïde. Je ne ſuis point ſurpriſe du tranquille abbattement dans lequel je la vois. Ceux de cette eſpéce ne le cédent en amour à qui que ce ſoit ; & quand Zaïde ſeroit de toutes les femmes la plus voluptueuſe, elle trouveroit en lui aſſez de feu pour éteindre tous les ſiens. Mais il s'en faut de beaucoup qu'elle ſoit aujourd'hui dans ce cas. L'habitude de l'Amour l'a rendue moins ſenſible à ſes plaiſirs. De-là eſt arrivé qu'elle eſt devenue plus difficile dans le choix des Amans, & qu'il eſt beſoin de lui plaire pour ne lui rendre que des ſoins utiles.

Vous croiriez peut-être qu'une femme connue ſur ce ton, devroit ſe trouver moins expoſée aux entrepriſes des Amans, que celles qui voyent du même œil tous ceux qui marquent pour elles de l'empreſſement, & l'erreur ſeroit groſſiere ; car loin que cet obſtacle, qui ne laiſſe pas d'être difficile pour quelques-uns des petits Maîtres les plus accomplis de Cythéropolis, rébute ſes Adorateurs, leur nombre ne fait qu'augmenter tous les jours, parce que chacun de ceux qui la trouvent belle, ſe perſuade aiſément qu'il réuſſira ſans peine à la vaincre. Dans le fond je penſe que Zaïde, qui ſçait les apprécier, n'en a pas beaucoup à leur réſiſter; & d'ailleurs, dès que les déſirs ſont éteints, une femme redevient maîtreſſe d'elle-même, parce qu'elle n'a plus rien à craindre de ſa foibleſſe.

Lors de ſon début dans le Monde, & dans ces commencemens, où ſon tempérament n'étoit point encore épuiſé par l'uſage des plaiſirs, on a vû chez elle la Volupté emprunter les ſecours de l'Intérêt, & vous allez voir l'heureuſe méthode dont elle ſe ſervoit pour ſatisfaire ſa paſſion, en excitant celle de ſes Amans. Comme elle n'avoit encore fixé auprès d'elle aucuns des Habitans de Cithéropolis, elle étoit obligée de ſe contenter des hommages paſſagers de tous ceux que la legereté, ou une fortune trop bornée, empêchoient de ſe charger ſeuls du détail d'une Maiſon. Pour éviter les tracaſſeries, elle avoit eu la précaution de faire publier dans le monde le prix auquel elle diſtribuoit ſes faveurs. On les obtenoit pour douze Saphis; * & voici ce qui s'obſervoit.

Dans un Cabinet, deſtiné aux ſécrets de l'Amour, étoit un Sopha d'un bleu azur, meuble galamment commode, théâtre des plus piquantes voluptés. Au-devant étoit une petite table, ſur laquelle l'Aſpirant commençoit par compter les douze Saphis. Cette courte cérémonie achevée, les

* Piéce de Monnoye en uſage à Cithéropolis, & qui ſe rapporte à peu près au Louis d'or de la nôtre.

deux Athlétes se précipitoient dans la carrière, & chaque fois que l'Amant heureux avoit remporté le prix, il retiroit un des Saphis, comme un laurier qui devoit couronner chacun de ses triomphes. Vous pensez bien que la Victoire restoit souvent du côté de Zaïde, & que plusieurs même ne lui laissoient que l'humiliante satisfaction de récueillir les dépouilles entieres de son Concurrent; mais comme on rencontre par-tout des hommes extraordinaires, il y en eût quelques-uns qui se distinguerent, de façon à mériter de vrais éloges. On raconte même que l'un de ces Braves, après avoir remporté une victoire six fois double, osa courir encore à de nouveaux lauriers, succès éclatant autant que rare, dont Zaïde ne manqua pas de s'applaudir, quoiqu'il lui en eût coûté, parce qu'une femme est toujours plus que dédommagée, lorſque de pareilles pertes ont tourné au profit de ſes charmes, & par conſéquent de ſa vanité.

Pendant le récit de la Fée, nous entrâmes dans une maiſon peu éloignée de la premiere, & nous avions eu le tems d'arriver à une ſalle, où nous ne remarquâmes que quelques débris d'un repas qui n'annonçoient point que tout s'y fût paſſé dans une extrême décence. Des éclats de rire qui partoient d'une chambre voiſine, nous engagerent à y entrer.

CHAPITRE VIII.

Les Petites Maisons.

DEUX femmes, qui, avec de la beauté & de la jeunesse, n'avoient, ni les charmes de l'une, ni la fraicheur de l'autre, étoient à demi couchées sur un Lit de repos, tandis que deux hommes étendus devant elles sur le Parquet, exerçoient à l'envi leur adresse par mille folies. C'étoit là ce qui avoit occasionné les ris éclatans dont j'ai parlé. L'un d'eux ayant proposé d'éteindre les bougies, nous déroba bien-tôt le reste du spectacle, en redoublant les éclats de rire des deux femmes. Nous rentrâmes dans la salle.

N'êtes-vous pas surpris, me dit

ſa Fée, du fol amuſement auquel ces gens-ci paroiſſent ſe livrer de ſi bon cœur? Une joye auſſi ſotte, peut-elle? ...... Arrêtez, dis-je à Almanſine, & n'allez pas inſulter à toute la Nation, en blâmant un genre de plaiſirs qu'elle a depuis long-tems adopté. A cette Scène galante, dont vous venez d'être témoin, & que l'obſcurité a rendu ſans doute plus intéreſſante, reconnoiſſez plûtôt le Génie créateur des Habitans de Cithéropolis, ce Génie qui leur fait découvrir ſans ceſſe de nouvelles reſſources pour multiplier leurs plaiſirs en les variant. A la Ville, quel ennui, quelle contrainte! Tout y reſpire un ſérieux inſupportable. Qu'un homme ſoit obligé par ſon état, par ſon rang, à y voir ce qu'on appelle la bonne Compagnie, pourra-t-il, ſans périr, être expoſé chaque jour aux embraſſemens d'un

Fat plus qualifié que lui, aux discours d'une Prude, qui, pour se venger des hommes, dont elle est abandonnée, ne l'entretiendra que de la dépravation du siécle, aux caprices d'une Coquette, qu'il ne verra que par air, parce qu'il voudra figurer dans le nombre de ses Courtisans, & qui lui fera toujours payer bien cher cette legere faveur ? Eh ! que deviendroit-on, si l'on ne sçavoit pas se débarrasser à propos du joug importun de la qualité ? A ces repas fastueux, que la Grandeur apprête, dont la Gravité fait les honneurs, on a substitué ces *Petits-Soupers* fins, que le bon goût & la délicatesse préparent, dont l'Amour fait les frais, & que la liberté assaisonne. Si l'on ne peut toujours s'arracher à l'ennui des premiers, on a toujours au moins les seconds pour se dédommager ; & il n'y a pas à Cithéropolis un homme du bon ton, qui n'ait deux ou trois fois dans chaque ſemaine ſa *Petite-Partie* arrangée avec des amis choiſis pour un *Petit-Souper* dans une *Petite-Maiſon*. C'eſt-là qu'on enchaîne la fauſſe décence, & tous les dehors apprêtés, avec leſquels les hommes ſont convenus de ſe tromper mutuellement. Ce n'eſt pas qu'à la Ville on n'ait quelquefois la liberté de publier des hiſtoires deshonorantes ſur la réputation des femmes, de dévoiler la honte des maris, les intrigues ſécrettes des fauſſes Dévotes, de railler des amis abſens; mais tout ce badinage ne ſatisfait que la malignité, & ne remue pas aſſez vivement le cœur.

Vous jugez aſſez que l'on n'admet point dans ces parties les femmes, dont l'oreille n'eſt pas encore ſourde à la voix des Préjugés, & qui n'offrant pourtant qu'une conquête facile, ne laissent pas d'exiger les égards que leur Sexe a toujours droit d'attendre du nôtre. Comme tout n'y doit respirer que la liberté, on écarte avec soin les ombres les plus légères, qui pourroient retracer l'image de la gêne. Admirez à présent les loix prudentes que ces hommes merveilleux ont trouvé le moyen d'établir dans leurs plaisirs même; & sans condamner le sentiment qui les a dictées, convenez qu'eux seuls sont capables de distribuer à l'univers les leçons de la vraye Volupté. Une chére délicate sans profusion, un champagne pétillant versé par la main des Graces, tout cela couronné par des jeux folâtres, n'est-ce pas-là l'unique charme de la vie; & si l'on en excepte quelques légeres égratignures & de petits dérangemens de santé, si enfin l'on pouvoit répéter ſouvent les mêmes plaiſirs, ſans courir quelquefois le riſque de ruiner ſa fortune, ne ſeroient-ce pas là ceux qu'une Folie aimable commande, & que la Raiſon permet ? . . Almanſine ne me laiſſa pas le tems d'achever. Dites-moi, s'il vous plaît, interrompit-elle, en voyant que je ne pouvois m'empêcher de rire, pourquoi vous paroiſſez prendre plaiſir à dénigrer ainſi les Habitans de Cithéropolis ? N'êtes-vous pas leur Concitoyen, & cette raiſon ne devroit-elle pas au moins vous engager à garder plûtôt le ſilence ſur leur compte, qu'à . . . . . ? Oh ! ne vous y trompez pas, interrompis-je à mon tour ? ſans doute je ſuis leur Concitoyen. Mais ce n'eſt point en cela que j'ai démenti mon pays. Si vous étiez demeurée dans cette Ville un ſeul jour, vous auriez eu le tems d'apprendre que c'eſt à ce trait-là même qu'on reconnoît le mieux ſes Habitans. Autrefois il n'y avoit, à la vérité, comme dans tous les autres Pays du monde, que les femmes qui fuſſent en poſſeſſion de ces minuties, mais depuis long-tems c'eſt un droit que les hommes leur diſputent. Perpétuellement occupés à ſe déchirer entr'eux, ils ne laiſſent point aux Etrangers le ſoin de critiquer leurs mœurs, leur caractere, leur faux-goût. On les voit s'en plaindre tout haut, condamner publiquement la Frivolité de leur Nation. Ces continuelles critiques, ſans les changer pourtant, parce qu'ils ſont trop vains pour ſe les appliquer, ſont devenues chez eux un de leurs principaux amuſemens. Combien d'ailleurs ne fourniſſent-elles point à la ſéchereſſe de leurs entretiens? ſans compter l'uſage qu'en font certains Beaux-eſprits, qui, à titre de Réformateurs, expoſent ſur la Scène ou dans le Public les ridicules du Siécle, mais moins dans la vûë de les corriger, que pour ſaiſir une matiere où la ſtérilité de leur génie trouve toujours une abondante reſſource. Qu'ils ſeroient bien punis en effet, ſi les Habitans en devenoient plus ſages ! Mais je les crois ſans inquiétude de ce côté, & ils ſe flattent ſans doute de puiſer long-tems dans la même ſource.

Les éclats de rire ayant ceſſé, les Acteurs reparurent enfin, après avoir quitté le Cabinet. Accablés de ſommeil, appéſantis par le vin, le teint pâle, les yeux preſqu'éteints, ils avoient peine à ſe ſoutenir. Il ne reſtoit plus aux uns & aux autres que du dégoût. Chacun ſe jetta dans un fauteuil aux différentes extrémités de la Salle. Les femmes, qui avoient perdu toute leur vivacité, me parurent d'une laideur affreuſe. Les hommes devinrent ſombres & de mauvaiſe humeur, ſonnerent leurs gens, & les traiterent rudement. On mit les chevaux. On ſe ſépara ſans s'être rien dit. Les femmes s'en retournerent ſeules, & je ne penſe pas que dans ce moment aucun d'eux ſongea à renouer une nouvelle partie.

Je paſſe ſur les réfléxions que cette Scène ſinguliere fit faire à la Fée. C'eſt donc ainſi, dit-elle, qu'on épuiſe le plaiſir, en voulant le rendre plus vif & plus piquant? Oh! que ces hommes ſont fous avec leurs petites maiſons! Dites plûtôt, interrompis-je, que c'eſt-là le lieu qui leur convient, & qu'ils devroient s'y enfermer continuellement.

CHAPITRE IX.

Erreur dans laquelle bien des gens tombent, ſont tombés & tomberont. Caractere de deux Amis.

QUAND je vous ai dit, continuai-je, que ces Parties brillantes ne ſe lioient ordinairement qu'avec des amis d'élite, vous penſez bien que je n'ai pas voulu vous parler de ces amis, dont une heureuſe ſympathie forme l'union, qui la cimentent, ou par des ſervices mutuels, ou par les conſeils réciproques de la raiſon, qui ne craignant point de s'avouer l'un à l'autre leurs fautes & leurs foibleſſes, ont aſſez de force pour montrer tout haut la route de la vérité à celui d'entr'-

eux qui s'en eſt une fois égaré, moyen infaillible pour contribuer au bonheur l'un de l'autre. Bien différens de ceux-là, ceux dont je parle ne connoiſſent, comme vous le ſuppoſez ſans doute, d'autres liens que ceux avec leſquels le goût du plaiſir les enchaîne, liens auſſi frivoles que ce qui les a formés. Mais ce qui eſt plus indigne encore du nom ſacré qu'ils profanent, c'eſt que ce commerce ſi doux, établi pour rendre l'homme heureux, n'eſt preſque toujours entretenu chez eux que par l'intérêt le plus vil. N'attendez chez eux qu'une lâche flaterîe, que ces baſſes complaiſances, dont on ne rougit point, parce qu'on les croit utiles, & qu'on ne manqne jamais de déſavouer auſſi-tôt qu'ellés ont ceſſé de l'être. Ce ſont-là leurs nœuds, tant que cet intérêt ſubſiſte ; & pour peu que l'on ſçache combien cette cruelle paſſion a d'empire ſur le cœur des hommes, on ne ſera pas ſurpris du grand nombre de ceux qui ſe croyent engagés dans les liens de l'Amitié. Effectivement rien n'eſt plus commun que cette erreur ; les hommes ſçavent ſi bien ſe tromper eux-mêmes, ils ſe déguiſent à eux-mêmes leurs paſſions avec tant d'art, qu'il n'eſt pas impoſſible que parmi ceux-là, il s'en rencontre pluſieurs qui ſe ſoient perſuadés de bonne foi qu'ils ſont ſincérement amis. Il en eſt de l'Amitié comme de l'Amour. C'eſt preſque toujours la vûe du plaiſir qui fait les Amans ; ôtez-leur cet attrait ſi flateur, vous ne trouverez plus en eux que de l'indifférence. Cependant les Amis, comme les Amans, attribuent ſans peine à un ſentiment délicat, ce qui n'a pour cauſe que l'intérêt chez les uns, & la volupté chez les autres.

Tels ſont, par exemple, les deux hommes que nous venons de rencontrer dans cette maiſon. Rien n'eſt plus étroit que l'union qui eſt entr'eux. Rapports de caracteres, rapports de goût, on ſeroit tenté de croire qu'ils ne penſent que l'un par l'autre. On ne voit point entr'eux de ces tracaſſeries qui reſſemblent quelquefois plus à la haine qu'à l'amitié. L'un d'eux, homme d'une condition élevée, & d'un courage qui ne s'eſt jamais démenti, expoſa un jour ſa vie pour celle de l'autre dans un combat où une imprudence l'avoit engagé. Celui-ci, qui a aſſez de fortune pour n'être point ingrat, en a toujours conſervé de la reconnoiſſance, & lui en a donné mille preuves. L'aventure n'a ſervi qu'à rendre pour fort leur attachement; je veux dire qu'ils ſont devenus inſéparables. Ils ſe croyent amis, & il il faut avouer qu'ils ont plus d'une raiſon de le croire. Avec tout cela, penſez-vons qu'ils le ſoient ? Vous allez convenir que non. Je ne parle point de leur goût pour les plaiſirs, qui, comme je vous ai dejà dit, n'eſt tout au plus capable de former entr'eux qu'une légère union. Le motif de leur attachement a quelque choſe de plus ſolide, ſans être pourtant plus reſpectable.

Le premier eſt le Chevalier de C.... & par conſéquent d'une des meilleures Maiſons de Cithéropolis. Mais comme il a le malheur d'être ce qu'on appelle un Cadet de Famille, les Loix, qui paroiſſent toujours injuſtes à ceux qu'elles n'ont point favoriſées, l'ont reſſerré dans certaines bornes, pour mettre plus au large un Frere, que le haſard a fait naître avant lui, & qui, ſuivant l'uſage, partage ſa fortune avec des Etrangers, en laiſſant au Chevalier le regret de n'avoir pas vû le jour le premier. Ils ſe rencontrent rarement. L'un brille à la Cour & auprès des Grands, tandis que l'autre, pour réparer les torts de la Loi, va faire valoir les droits de ſa naiſſance chez quelques Bourgeoiſes qualifiées, & dans certains cercles où la Vanité & l'Ambition font accueil à la Nobleſſe indigente. Uſer du privilege de ſa Naiſſance, cela s'appelle communément éblouir une jeune Financiere par un plumet & des talons rouges, & lui faire l'honneur de la ſubjuguer; s'établir dans la maiſon d'un Uſurier ennobli, mettre dans le monde l'héritier d'un Négociant enrichi, en lui apprenant une méthode courte & facile de dépenſer promptement tout ſon bien. Voilà le Chevalier, voici maintenant le ſecond.

Avez-vous connu quelquefois

des hommes, qui, nés dans l'obſcurité, devenus riches par un caprice du haſard, las de demeurer au rang des Spectateurs, ont eu la folie de croire qu'ils étoient faits pour monter ſur le théâtre du monde, & pour y figurer avec les Grands. C'eſt-là le Baron de .... Sans eſprit, mais peu fâché de n'en avoir pas, parce qu'il eſt aſſez riche pour s'en paſſer, il s'eſt ſeulement appliqué à prendre les airs & le ton de Suffiſance, qui ſemblent devoir en tenir lieu. Le Chevalier, avec lequel ſa fortune lui a fait lier connoiſſance, eſt celui à qui il eſt redevable d'une certaine éducation qui le met en état de doubler les premiers Seigneurs de la Cour. Il s'eſt attaché à lui par orgueil, parce qu'il eſt d'une Naiſſance diſtinguée, & qu'il pouvoit le mettre à la mode. Son début a été éclatant, & ſon vol rapide. Il a commencé par enlever à un Prince très-puissant le cœur d'une Actrice célébre. Cette préférence, qu'il ne regarda que comme l'effet de son mérite, lui fit croire qu'il valoit beaucoup. L'idée ne tarda pas à se fortifier chez lui. L'Actrice, qui venoit d'appartenir à un homme de Nom, auroit eu trop à rougir de devenir obscure Roturiere. Sa vanité, en flatant celle de son nouvel Amant, lui a fait imaginer de le décorer du Titre de Baron. L'invention a paru admirable à celui-ci. Il s'en est amusé pendant quelque tems; mais insensiblement il s'y est accoutumé, à tel point qu'il ne s'annonce plus que sous ce nom. C'est à l'aide de cette supercherie, qu'il s'introduit souvent dans les meilleures Compagnies. Le Chevalier, qui se voit intéressé à servir son ambition, a pris lui-même plus d'une fois le soin de l'y produire.

Le faux Baron a beau étaler le brillant de ſes Equipages & l'or de ſes habits, il ne jouit guères du mérite de ſa qualité. Les abus ſur cet article ne ſubſiſtent pas long-tems, ſur-tout avec ceux qui ſont aſſez fous pour croire que le haſard de la Naiſſance eſt capable d'établir entre les hommes quelque diſtinction. Néanmoins la plûpart déſirant mettre à profit la fortune du Baron, feint là-deſſus de la crédulité; le reſte le mépriſe de bonne foi, & l'évite de même. Cependant cette fortune va s'épuiſer bien-tôt, & ſon regne aura peu duré. Le Chevalier & lui ne ſe quittent plus, & vraiſemblablement ils ne ſe quitteront, que lorſque le Chevalier aura beſoin de chercher ailleurs une autre dupe.

Cette converſation ne nous empêcha pas de parcourir la plus grande partie des maiſons de ce

Faubourg, où nous ne trouvâmes guères que des Actrices, dont les unes s'ennuyoient encore avec leurs Entreteneurs, & dont les autres, après les avoir dejà congediés, alloient se dédommager pendant toute la nuit dans les bras de leurs Amans, d'une contrainte de quelques heures. En entrant dans la Ville nous rencontrâmes les Carrosses de quelques Petits-Maîtres qui en étoient sortis sur la fin du jour, qui avoient été se promener seuls à deux lieues de-là, & qui affectoient d'y rentrer tard, pour qu'on soupçonnât qu'ils avoient des Maîtresses dans les Fauxbourgs.

Almansine, qui voyoit que j'avois besoin de repos, me dit alors de rentrer chez moi, & après avoir promis de venir m'y reprendre le lendemain, lorsque la nuit auroit commencé à étendre ses voiles, elle disparut.

CHAPITRE X.

Seconde Nuit des Spectacles, qui contient un exemple curieux de certaines craintes que toutes les Femmes n'ont pas.

J'ETOIS si fatigué, que je me trouvai bien tôt enseveli dans un sommeil profond ; & ce ne fut que le lendemain que je fis mille réflexions sur mon avanture. Ce qui me flatoit le plus, c'étoit les Spectacles divertissans qu'elle m'avoit dejà procurés, & sur lesquels j'osois compter encore. Almansine, qui disoit avoir ses raisons, n'avoit pas jugé à propos de me laisser la mystérieuse ceinture. Dieu sçait comme j'en aurois fait usage en son absence. Cette précaution, qui me paroissoit tenir de la défiance, & que par conséquent je n'approuvai point, n'avoit pas laissé de m'affliger d'abord, cependant je crus devoir la respecter; j'y souscrivis même, mais comme à une chose dont on n'a pû se défendre. L'on pense bien que le jour me parut long. J'ai toujours ignoré pourquoi la Fée vouloit ne se mettre en marche que vers le commencement de la nuit; & comme cela me paroissoit indifferent, que j'étois assuré d'ailleurs que ce tems étoit plus favorable, & nous présenteroit des objets plus rians, je ne me suis jamais mis en peine de m'en instruire.

Le soir arriva enfin, & sans conserver le plus foible souvenir du motif de nos courses nocturnes, j'attendis le retour d'Almansine, avec toute l'impatience d'un homme qui va s'amuser des ridicules d'autrui. Je veux bien faire grace ici de tout ce qui annonça son arrivée, & de quelques coups de baguette qu'on supposera, ou qu'on ne supposera pas, je me contente dire qu'elle vint à l'heure marquée, & que je repris ma ceinture.

Assurément, me dit-elle en m'abordant, il faut convenir que, quelque soit le genre de douleurs qui nous accablent, le monde nous offre des distractions qui sont bien capables de nous en faire goûter peu à peu l'oubli. Je ne m'étonne plus qu'il se rencontre tant de personnes qui paroissent résister à mille maux, auxquels ils avoient semblé d'abord succomber. Ces sortes de victoires sont moins dûes à leur fermeté & à leur courage, qu'à ces tableaux variés, dont l'effet est de leur dérober l'image de leurs maux, en mettant sous leurs yeux des idées qui en éteignent chez eux le souvenir. Sans doute cet effet est bien puissant, puisqu'il suspend le cri des passions, & qu'il affoiblit la violence des transports qu'elles occasionnent. La haine, la jalousie n'en sont pas même exceptés. Croiriez-vous, continua-t-elle, qu'au milieu des violens accès, auxquels ces deux cruelles passions m'ont livrée, nos amusans Spectacles en ont interrompu le cours. Je serois trop heureuse, s'ils pouvoient effacer pour toujours d'aussi tristes impressions; mais ce sommeil ne dure pas continuellement, & il est des instans oisifs & tranquilles qui viennent affreusement les réveiller. Au reste ne cherchons point à ranimer nos douleurs, quand nous trouvons de quoi les adoucir. En disant cela, elle fixa sur moi les yeux avec un sourire, & je compris facilement que si la jalousie occupoit encore son ame, elle n'y tenoit plus la même place, & qu'elle la partageoit au moins avec les desirs curieux qu'elle m'avoit montré. Je lui avouai à mon tour combien j'avois été satisfait des petites scènes dont nous avions été temoins, & sur-tout des éclaircissemens qu'elle m'avoit donnés sur les aventures que j'ignorois. Nous nous promîmes de continuer à nous aider de ces mutuels secours, toutes les fois que l'un de nous deux en auroit besoin.

Almansine, qui n'étoit qu'une jeune Fée de la derniere promotion (quoique pour cela elle ne fût pas moins puissante) avoit peu connu Cithéropolis. Elevée loin des Villes dans le Palais d'une vieille Tante, qui ne lui avoit jamais peint les Habitans de Cithéropolis, qu'avec des couleurs toujours fausses, (comme il est d'usage dans toutes nos Provinces); tout ce qu'elle avoit pû en apprendre, c'étoit quelques traits singuliers sur le Persiflage des Petits-Maîtres, le ridicule des Modes, la durée des engagemens, la complaisance des Maris, la galanterie des Femmes, l'arrogance des nouveaux parvenus, & d'autres légers details qu'elle avoit récueillis çà & là dans les entretiens secrets de ses Femmes de Chambre. Il n'étoit pas surprenant que je fusse un peu plus au fait, moi né dans les murs de Citheropolis, & qui, comme la plûpart de mes Concitoyens, n'en étant que rarement sorti, avois pû sans peine m'instruire des avantures d'une Ville, où tout ce qu'il y a de plus mysterieux & de plus caché, semble d'ordinaire se passer publiquement.

Les Parens d'Eleonore ayant affectés depuis quelques semaines de la faire absenter de chez eux, ce n'étoit pas là où je pouvois me flatter de la rencontrer, & il falloit continuer nos recherches au hasard. Nous nous mîmes en route ; & comme j'avois témoigné à Almansine une envie extrême de connoître les secrets particuliers de quelques maisons où j'allois souvent, nous commençâmes par celle qui étoit voisine de la mienne.

Elle appartenoit à un homme, qui, ayant acquis de grandes richesses dans les Finances, où il avoit debuté en naissant, n'en jouissoit pas moins d'une réputation entiere, chose d'autant plus rare, que de pareils succès ne méritent pas toujours l'estime générale. Une fille jeune & pleine de charmes étoit l'unique héritiere de cette immense fortune.

Le parti étoit trop avantageux, pour que plusieurs ne désirassent pas de l'obtenir. Petits-Maîtres de

Robe, Petits-Maîtres d'Epée, tous se disputoient une si précieuse conquête. Chacun se flata de réussir avec d'autant moins de peine, qu'Emilie (c'étoit son nom) à un âge aussi tendre, ne devoit sçavoir qu'obéir, que le pere étoit bon & facile, & qu'on n'avoit point à redouter les caprices d'une mere, qui, souvent piquée de la beauté de sa fille, se venge, ou en retardant l'heure de l'Hymen, ou en écartant l'Amant qui a eu le bonheur de plaire ; car celle d'Emilie étoit morte depuis quelques mois.

Son pere n'avoit aucun dessein formé sur son établissement. Il ne tarda pas à être instruit des vûes qu'on avoit sur elle. Résolu de ne point gêner son inclination, & de se décider sur le choix qu'elle auroit fait, il l'attendit tranquillement. Quelques jeunes Seigneurs de la Cour qui avoient besoin de rétablir une fortune delabrée, ſe mirent bien-tôt ſur les rangs. On n'héſita point à croire dans le monde que le pere d'Emilie profiteroit de la circonſtance pour aſſurer à ſa fille un nom, parce que cela étoit alors fort en uſage; mais il n'avoit point la ſotte ambition de ſes ſemblables. Il ſçavoit eſtimer la Nobleſſe ſans en être le vil idolâtre, & il la connoiſſoit aſſez pour craindre une telle alliance. Le mépris chez les Grands ſuit de trop près les ſacrifices qu'ils font à l'interêt.

Dans cette foule de Courtiſans, un jeune homme appellé Azor, fut le ſeul ſur lequel Emilie fixa les yeux. Elle commença par regarder, comme un effet de ſon mérite, la préférence qu'elle lui accordoit dans ſon cœur, mais cette préférence fût bien-tôt celui d'un mouvement plus tendre qu'elle avoit ignoré juſques-là; mais qu'elle ne pût méconnoître long-tems. Ce ne fut point le rang d'Azor qui détermina son choix ; Emilie vouloit aimer, & la qualité ne sçauroit qu'éblouir. Ce ne furent point non plus les charmes de sa figure ; elle flate quelquefois plus qu'elle n'interesse. Emilie étoit trop sensible pour ne s'arrêter qu'à la finesse de l'esprit ; il amuse, mais n'attendrit pas. Azor, qui ne laissoit pas de posséder pourtant tous ces avantages, y joignoit des qualités qui lui parurent plus réelles. Un caractere insinuant & doux, un esprit plus tranquille que vif, une voix & des regards touchans, un cœur facile à s'émouvoir, voilà ce qui charma Emilie, voilà ce qui alluma chez elle les premiers feux de l'Amour.

Azor avoit été prévenu. Quelqu'attention qu'il eût faite aux charmes d'Emilie, son cœur fut moins prompt à s'enflammer. Il connoiſſoit trop bien la durée & le prix des hommages qu'on rend à la ſeule Beauté. Dans peu le développement du caractère d'Emilie le fixa ; & lorſqu'il commença à l'aimer, il l'aima avec excès. Bien-tôt le deſir d'obtenir du retour, lui fit appercevoir dans le cœur d'Emilie les ſentimens qu'il y cherchoit.

Trop timide pour l'inſtruire des ſiens, il ne s'expliqua point, mais Emilie l'entendit ; & comme ils étoient ſimples & vrais, & que leurs ſentimens étoient purs, ils ne chercherent point à les deguiſer.

Le pere d'Emilie ne fut pas le dernier qui s'en apperçût. Azor lui étoit cher, & en rendant juſtice à ſes ſentimens, il ne pouvoit déſapprouver ceux de ſa fille. Il n'avoit aucune raiſon pour arrêter le cours de cette flamme naiſſante. Azor, ſans être d'un rang élevé, étoit d'une Famille honnête ; ses biens étoient médiocres, mais les grandes espérances d'Emilie pouvoient amplement y suppléer. Ce pere sage & prudent étoit peut-être le seul de ce tems-là qui sçût employer ses biens à l'usage auquel ils semblent naturellement être destinés, à faire des heureux. C'étoit établir le bonheur de sa fille, que de lui donner un Epoux dans lequel elle trouvoit l'objet de tous ses vœux.

L'on devinera facilement que les Rivaux d'Azor virent avec peine qu'on leur enlevoit le prix de leurs soins. Ils ne manquoient pas d'amour propre ; plus l'avanture tournoit en certitude pour eux, moins ils étoient disposés à la croire réelle. Mais enfin cet amour propre nous éclaire quelquefois autant sur nos désavantages, que souvent il nous aveugle. Il leur restoit une ressource, c'étoit de décrier Azor auprès d'Emilie. Elle fut promptement employée. On composa à ce sujet quelques couplets mechans qui furent adressés à Emilie même. Azor y étoit peint sous les traits d'un imbécile, qui ne connoissoit pas les premiers élemens de la Galanterie. On le faisoit si ridicule, qu'il n'y avoit qu'un homme qui le fût beaucoup, qui pût imaginer quelque chose de pareil. Mais les pinceaux de la Jalousie sont toujours grossiers; il étoit si peu ressemblant qu'on n'auroit pas manqué d'appliquer le portrait à la plus grande partie de ses Rivaux, si eux-mêmes n'eussent pris le soin de le désigner par son nom. Toutes leurs Satyres eurent le succès ordinaire à ces sortes de calomnies. On les reconnut pour ce qu'elles étoient, & l'on en méprisa les Auteurs, qui (quoiqu'accoutumés à de pareils revers) parurent si irrités de celui-ci, qu'ils résolutent d'en punir Emilie à son tour. On recommença sur elle des couplets qui ne furent pas seulement lûs, & les plus modestes publiérent qu'ils n'avoient pris le parti de se retirer, que parce qu'ils auroient été peu flatés de la rendre sensible.

Azor & Emilie ne se virent dans la suite qu'avec plus de liberté. Azor déclara son amour, & Emilie avoit dejà donné mille preuves du sien, lorsqu'elle lui avoua qu'elle le partageoit depuis long-tems.

Quelque soit la délicatesse d'un Amant, on sçait trop ce que peut sur nous le désir, pour croire qu'il ait dû long-tems en contraindre l'excès. Il ne cherchoit plus que les occasions de voir Emilie sans témoins. Alors il n'étoit plus maître de ses transports. Il est tant de faveurs légères qu'une femme ne ſçauroit refuſer, dès qu'elle a une fois avoué ſon penchant. .... Mais ces jeux du plaiſir ont d'ordinaire une fin ſérieuſe, & ce n'eſt pas toujours la faute des Amans, ſi l'Amour ceſſe d'être un badinage. Sans doute ces preuves innocentes avoient chaque jour fait accroître leur tendreſſe.

C'étoit-là les termes où ils étoient enſemble, lorſque nous entrâmes dans l'appartement d'Emilie. Elle étoit ſeule, & ſes regards qu'elle tournoit avec inquiétude ſur tout ce qui l'environnoit, annonçoient aſſez que ſes ſens ne jouiſſoient pas d'un calme bien tranquille. Je me plus à la conſidérer dans cet état. Il ne dura pas long-tems. Nous étions entrés par une porte du côté de la cour, nous entendîmes frapper doucement à une autre porte qui donnoit ſur les Jardins. Aapparemment elle ſçavoit bien que c'étoit Azor. Elle leva d'abord avec promptitude & nous la vîmes douter un mo ment ſi elle ſe raſſeoiroit ſur le fau teuil qu'elle avoit quitté, en fe gnant ſans doute de n'avoir rie entendu, ou ſi elle courroit pou lui ouvrir. Le premier mouvemen l'emporta ; elle vola à la porte Azor entra, & la referma ſur lui myſtérieuſement. Ils ne ſe dirent mot, mais s'accablerent de careſ ſes ; on n'entendoit que le bruit des baiſers. Emilie rompit le ſilen ce, mon cher Azor, dit-elle, qu'il eſt tard ! Il y a dejà long-tems que mon pere eſt parti ; qui a pû vous empêcher de venir plûtôt ? Sans lui répondre, Azor la regarda ten drement, puis, tirant ſa montre, il lui fit voir qu'il avoit dévancé d'une heure celle du rendez-vous. En ce cas, pourſuivit-elle, les inſ tans m'ont paru bien longs ; qu'ils ſont différens de ceux que je vais paſſer avec vous ! Ce diſcours parut flater Azor ; il lui échappa un ſourire. Je vis qu'il s'attendriſſoit. Ma chere Emilie, s'écria-t-il ..... Il n'en dit pas davantage. Il n'étoit point fertile en diſcours, mais en revanche il avoit des yeux qui prodiguoient plus de ſentimens que toutes les expreſſions n'auroient pû faire. Il y a auſſi apparence qu'ils comptoient plus ſur leurs regards que ſur leurs voix, puiſqu'ils ſe jetterent ſur un Sopha où ils demeurerent ainſi pendant un quart d'heure ſans rien faire que ſe regarder. Je voyois pourtant bien qu'ils ſe parloient, & qu'ils ſembloient ſe répondre ; mais il falloit être eux-mêmes pour entendre leurs diſcours. Je ne ſcais ſi dès ce moment Azor ne préparoit point toute l'éloquence qu'il employa bien-tôt. Il appuya ſes lévres ſur la gorge d'Emilie. Elle la lui abandonnoit toute entière. Ils étoient si émus qu'ils avoient peine à respirer. Les mains d'Azor étoient si hardies, Emilie étoit si foible.... A chaque instant il redoubloit ses caresses avec plus de feu. Emilie partageoit avec trop de vivacité le plaisir que les entreprises d'Azor lui faisoient goûter, pour avoir la force de lui résister, s'il venoit à former des projets plus téméraires, & cela ne tarda pas.

J'admirois en elle cette sécurité que donne l'Amour innocent. Elle vit augmenter l'ardeur d'Azor, & n'en parut pas plus effrayée. Sans le vouloir peut-être, elle l'excitoit encore par mille baisers ingénus, & je crus que la victoire alloit enfin se déclarer pour son Amant, lorsque par l'effet d'une crainte qui, pour être presque toujours assez bien fondée, ne m'en parut pas moins

moins extraordinaire, dans un instant où l'on ne fait guères de profondes reflexions, elle arrêta tout à-coup ses transports. Azor ne vit pas plutôt qu'elle ne les partageoit plus, qu'il cessa de pousser plus loin son triomphe. Ses sentimens & sa délicatesse se montroient par tout.

Je connois tout le prix de l'occasion; je sçais avec quel soin on doit la saisir, & je ne crois pas en effet qu'en sa place un amant moins aimé eut réussi facilement à la faire renaître. Azor lui-même n'auroit sans doute pas osé s'en flatter; mais il étoit trop tendre pour ne l'avoir pas abandonnée dans ce moment aux dépens de son bonheur même.

Quoique cette conduite me parût nouvelle, intérieurement je ne pouvois m'empêcher de l'en applaudir. L'occasion, d'ailleurs, n'est précieuse que pour ceux qui, ne méritant point essentiellement d'être aimés, ne doivent jamais les faveurs d'une amante qu'à la surprise ou à sa propre foiblesse. Il s'en falloit de beaucoup qu'Azor se trouvât dans ce cas. Il étoit aimé, & nul n'étoit plus digne de l'être. Son amour avoit pour ame un sentiment tendre qui ne se reprochoit de la volupté que dans les momens où elle maîtrise tout. Il n'avoit pas non plus affaire à une Coquette accoutumée à dissimuler ses dégoûts ou ses desirs. Il étoit sûr au moins de la trouver toujours également sensible. Arrêtez, Azor, s'écria-t'elle, & ne portez point à notre amour le coup que je crains. Voulez-vous cesser de m'aimer; ignorez-vous les maux que me causeroit vorre inconstance? N'est-ce pas vouloir vous-même l'exciter, que de chercher à obtenir ce que ma tendresse peut accorder à la vôtre de plus cher ? Ne sçavez-vous pas comme moi que si les desirs nourrissent l'amour, le Plaisir en est le poison ? Pourrois-je sans mourir avoir à me reprocher à moi-même la perte de votre cœur ? De grace calmez cette ardeur si pressante pour l'intérêt de nos feux. Azor qui n'auroit jamais prévû un obstacle de cette espece, m'en parut d'autant plus ambarrassé, qu'au fonds il ne pourroit se dissimuler combien les craintes d'Emilie s'accordoient avec l'expérience. Il resta long-tems interdit. Pendant ce tems-là Emilie lui raconta vingt exemples terribles de l'inconstance des hommes qui n'avoit eu pour cause que les complaisances de leurs amantes. Tout cela se disoit avec une ingénuité qui me charmoit. Azor un peu revenu de son trouble, ne chercha point à rassurer Emilie contre les terreurs que ce préjugé sembloit lui inspirer. Il l'auroit entrepris inutilement. Son projet étoit mieux entendu ; il résolut, en flattant son opinion, d'en tirer un prétexte pour tout obtenir. Je pourrois me plaindre de vous, dit-il, puisque vous êtes assez injuste pour me réduire à la classe des amans qui ne sont que voluptueux. Je pourrois faire parler ici cette constance exacte, ces sentimens dont quelquefois vous avez admiré la délicatesse ; mais tout cela n'en diroit pas assez en ma faveur. Je vois bien que vous n'êtes pas disposée à me faire là-dessus plus de grace qu'au reste des hommes. Supposez donc, si vous le voulez, que chez tous les hommes, sans distinction, les faveurs d'une femme précipitent l'inconstance. Hélas ! cette idée doit-elle vous laisser pour l'avenir moins de craintes que vous n'en montrez à présent. Destinés l'un & l'autre à être unis un jour par les nœuds étroits de l'Hymen, j'aurai donc la cruelle douleur de vous voir craindre mon inconstance ! car vous pensez bien qu'alors vous ne pourrez long-tems combattre mes desirs. Cependant vos faveurs seront les mêmes, vous aurez toujours les mêmes raisons pour ne pas m'accorder ce que vous venez de me refuser. Que deviendriez-vous si elles alloient causer mon changement ? Attachés par d'éternels liens, l'impossibilité de les rompre ne rendroit que plus à plaindre votre sort & le mien. A présent que nous sommes libres, pourquoi craindriez-vous de vous abandonner aux plus vifs transports ? N'est-ce pas plutôt un sûr moyen de prévenir le plus grand des maux ? Vous connoîtrez par-là si l'effet de vos bontés sera de diminuer l'excès de mon amour. Si cela arrivoit, si ce cœur étoit assez lâche pour les oublier, vous pourriez alors, en m'accablant d'un mépris trop justement mérité, perdre le souvenir de mon inconstance dans les bras d'un amant moins volage & plus heureux que moi. Mais si au contraire elles ne servent qu'à m'attacher plus fortement à vous, quel présage pour les nœuds que nous devons former lorsque vous aurez un tel garant de ma constance! En achevant ces mots il laissa couler quelques larmes. L'expression de l'amour n'est jamais plus touchante que lorsqu'elle emprunte celle de la douleur. Ah, Emilie! continua-t'il, vos craintes sont justes; il ne tient qu'à vous de les détruire. En disant cela, il la serra entre ses bras, & imprima sur sa bouche un baiser plein de feu. Emilie avoit les yeux baissés. Je ne sçais si elle fut plus frapée de la ſolidité de ce raiſonnement, qu'attendrie des careſſes que ſon amant recommença avec tranſport. Elle ſoupira, laiſſa tomber ſur Azor un regard où l'amour & les deſirs ſe peignoient. Pour lui, il étoit trop agité pour s'en appercevoir. Par degrés ils arriverent à ce terme du ſentiment qui confond l'anéantiſſement avec l'exiſtence. . . . . En cet endroit Almanzine fit toutes les mines qui conviennent à une femme en pareilles circonſtances. Elle rougit, ſe couvrit le viſage de ſon éventail pour ne rien voir, ne laiſſa pas de regarder en deſſous, & ne perdit ſûrement pas un ſeul de tous leurs mouvemens. J'avois cru juſques-là que les Fées qui ont la réputation d'être galantes, n'étoient pas ſi modeſtes, & qu'elles reſſembloient au moins aux femmes qui ont rompu avec les préjugés. Je ne me trompois pas tout-à-fait ; mais j'ai appris depuis que toutes ces *ſymagrées* n'étoient point incompatibles avec l'extrême galanterie.

Sortie de ce voluptueux ſommeil, Emilie ouvrit les yeux & les fixa ſur Azor ; il en fit autant, & pouſſa un ſoupir profond. Quoi donc, s'écria-t'elle, je meurs & tu n'eſt pas ſatisfait ? Que veux-tu donc de plus ? Que manque-t'il à ton bonheur ? ... Rien ſans doute, interrompit Azor, & il auroit ſurpaſſé mes eſpérances même, ſi je ne devois pas à un raiſonnement ce que j'aurois voulu n'obtenir que de votre amour. L'on penſe bien qu'un reproche auſſi tendre dût augmenter les deſirs & la ſenſibilité d'Emilie. A cette fois ſes craintes s'évanouirent, l'Amour triompha, & Azor fut content. Croyez-vous, dis-je à la Fée, que les craintes d'Emilie ne ſeront pas un jour réalisées : non, dit-elle, Azor a trop de délicatesse pour changer. L'amour peut disparoître ; mais le sentiment ne s'éteint jamais. Je le souhaite, repris-je, mais avouez que l'épreuve est un peu forte, & qu'il y en a beaucoup à qui elle ne réussiroit pas.

CHAPITRE XI.

Qui ne contient que des choſes fort ordinaires.

EN quittant Emilie, nous entrâmes chez une femme de diſtinction, qui raſſembloit tous les ſoirs chez elle un cercle nombreux. Quoique cette Dame eût toujours été d'une conduite réguliere, & qu'elle ne ſe fût déterminée à voir beaucoup de monde, que pour écarter des ſoupçons offenſans qu'on avoit oſé jetter ſur elle dans un tems où elle menoit une vie plus retirée, on avoit dans le Public la méchanceté de croire qu'elle n'affectoit cette grande diſſipation, que pour couvrir quelqu'intrigue ſecrette. La plûpart des perſonnes dont étoit compoſée ſa ſociété, avoit d'elle cette idée, & la publioit ; cependant ſon air affable, ſes politeſſes, l'aiſance dans laquelle on ſe trouvoit chez elle, les y retenoient. Petits-Maîtres, Abbés mignons, Femmes ſçavantes, Beaux Eſprits, y avoient fixé leur empire. On y diſtribuoit les nouvelles du jour. On y voyoit décider de tout, parce qu'on y rencontroit toujours des gens qui n'étoient inſtruits de rien. Les équivoques malignes, les traits piquans de la Satyre y étoient chaque jour épuiſés. C'étoit le caractere qu'on y eſtimoit le plus, parce qu'il paroiſſoit le plus amuſant.

Nous trouvâmes tant de monde à notre arrivée dans les appartemens, que la diverſité ſeule des habillemens étoit capable de former un ſpectacle tout-à-fait divertissant. Les parties étoient finies ; & l'on ne songeoit pas à en former de nouvelles. L'heure de se retirer approchoit ; il y avoit même déja plusieurs hommes qui apelloient leurs gens avec fracas, après avoir semé dans l'assemblée le bruit qu'ils avoient pour minuit un rendez-vous avec des femmes respectables. Quelques-uns affectoient de reconduire les Dames, pour faire croire qu'ils étoient bien avec elles. D'autres en se regardant dans les glaces, vantoient le vernis de leurs équipages, l'habileté de leurs Cochers & la légereté de leurs chevaux. Ici un vieux Marquis peu riche entretenoit de sa Noblesse le fils d'un nouveau parvenu, tandis qu'un peu plus loin la veuve d'un Officier de nom minaudoit celui-ci pour lui faire entendre qu'elle ne manqueroit pas de l'écouter favorablement s'il vouloit se charger du ſoin de ſa fortune, & la tirer de l'embarras où le déſordre des affaires de ſon mari l'avoit jettée. Les femmes ſur tout s'entretenoient de celles qui étoient déja parties, & ce n'étoit pas pour en faire l'éloge. On ſe rioit, on ſe lorgnoit, & quoique tout le monde parut content, il y en avoit pluſieurs qui ne l'étoient pas, parce qu'ils ſçavoient bien qu'on n'étoit guères plus diſpoſé à les menager. J'avois juſques-là porté les yeux ſur tant d'objets à la fois, que je ne les avois encore fixé ſur aucun. Quel eſt, dis-je à la Fée, cet homme de bonne mine dont l'extérieur eſt grave & modeſte, que ce Petit-Maître regarde du coin de l'œil, & que ces deux autres plaiſantent groſſierement? C'eſt, dit-elle, un homme prudent, éclairé, utile à ſa Patrie, plein de probité; mais malheureuſement il y a quelque chose sur son compte qui éclipse toutes ces belles qualités ; il est le mari d'une femme dont les galanteries sont publiques. On lui passeroit volontiers mille défauts personnels, mais pour les sotises de sa femme, cela lui restera ; c'est un homme devenu ridicule, & par conséquent perdu sans ressource, car vous sçavez mieux que moi que dans ce Pays le Ridicule dèshonore plus que le Vice.

Pendant que nous étions occupés à écouter la lecture de quelques vers qu'un Abbé avoit composés la veille, & qu'il devoit aller lire le lendemain à vingt Toilettes, nous entendîmes un petit bruit s'élever à l'autre bout de la Salle. Almanzine ne fut pas plutôt instruite du sujet de la dispute, qu'elle m'en témoigna sa surprise, parce qu'il ne lui paroissoit pas même vrai-semblable que dans un pareil cercle on pût traiter d'aussi sérieuses questions. Effectivement il s'agissoit du mérite d'une Piéce dramatique nouvellement représentée sur l'un des Théâtres de Cytheropolis. Nous y courûmes. Pour moi, disoit un petit homme qui paroissoit être le Bel-Esprit de l'Assemblée (car chacune a le sien) je la tiens pour très-médiocre. Eh Messieurs ! laissons ce ton larmoyant à la gravité de la Tragédie, & que chaque genre conserve ce qui lui est propre. Suivons les chemins déja tracés sans nous jetter dans des routes nouvelles où nous ne manquerions pas de nous égarer. Tous ces beaux sentimens m'assoment; avec quelle abondance on les y prodigue ! En vérité . . . . Arrêtez, interrompit quelqu'un, (c'étoit précisement l'infortuné mari dont je viens de parler) & si vous comptez pour rien les sentimens, vous en croirez peut-être ce ſuffrage du cœur plus naturel & plus reſpectable que tant d'opinions trop bien rèçues peut-être, ces larmes enfin, qui en même tems qu'elles font l'éloge de la Piece que vous attaquez, pourroient faire celui du Spectateur qui les verſe. Il entra enſuite dans un détail plus circonſtancié. Le choix du ſujet, une intrigue ſimple, des ſituations heureuſes, la conduite, les caracteres, le dénouement, lui fournirent mille reflexions qui déplurent d'autant plus à ſon adverſaire, qu'elles avoient paru juſtes à tout le monde, &, quant à lui, qu'elles le laiſſoient ſans replique, parce qu'il n'avoit d'ailleurs que la manie de ces faux Critiques qui ne connoiſſant ni regles ni génie, ne ſçavent que déſaprouver; eſpece maudite que la mode qui empoiſonne tout, a encore multipliée de nos jours. Un autre voulut élever la voix, mais celui-ci qui le connoiſſoit & qui jugeoit bien qu'il ne ſe déterminoit que ſur l'avis du premier, lui dit très-ſérieuſement qu'il ne s'en rapporteroit pas au ſien, l'ayant vû approuver le ſoir un ouvrage qu'il avoit critiqué le matin. Là-deſſus il ſe retira, & nos diſcoureurs pour ſe venger de lui, raconterent ſur le champ quelques-unes des aventures de ſa femme, que tout le monde ſçavoit depuis long-tems.

On s'occupa encore quelques inſtans de la diſpute, & on en revint aux nouvelles du jour. Savez-vous bien, dit tout haut une Préſidente d'une coquetterie reconnue, ce qui arriva hier au Comte de ..... (Il y avoit déja plus de quinze jours que l'hiſtoire s'étoit paſſée.) Sur ma foi le bonhomme en a dû être bien piqué.

Vous connoissez la Comtesse ; c'est une femme qui n'a que le mérite d'une Epouse vertueuse. Ses dédains, sa hauteur avec son mari, ses reproches continuels sur ses folles dépenses, son humeur dure & chagrine ont donné au Comte bien du dégout pour les femmes fidelles. Il a crû que les complaisances de quelque belle effaceroient de son esprit les impressions noires que la sévérité de sa femme y laissoit quelquefois, ou qu'elles la lui rendroient plus supportable. Depuis plusieurs mois il a obtenu celles d'une beauté peu farouche, qu'il ne lui a pas été difficile d'attendrir à l'aide de quelques légeres libéralités. Jusques-là ils ont joui de leur amour avec la douce tranquillité que donne le mystere ; mais la Comtesse qui eut quelques raisons de soupçonner que le Comte portoit ailleurs ses hommages, parce qu'on ne trompe gueres une femme là-dessus, fit faire sans bruit des recherches si exactes, qu'elle découvrit enfin le digne objet auquel on l'avoit sacrifiée. Sans en montrer au Comte de ressentiment, elle a secretement envoyé chez la belle le bonnet de nuit & la robbe de chambre de son mari. Celle-ci n'en a pas été surprise, parce qu'elle a crû que le Comte vouloit passer avec elle la nuit; mais quel a été l'étonnement de tous les deux, lorsque le Comte à son arrivée chez elle, lui eut appris qu'il n'avoit donné aucun ordre de cette espece. Il ne lui a pas été difficile de deviner l'auteur d'un pareil tour, & il n'y avoit que la Comtesse qui pût le lui avoir joué. Je ne sçais s'il aura eu l'indiscretion de le montrer devant elle; car du caractere d'où nous la connoissons, elle étoit sûrement femme à lui faire un mauvais parti. Oh ! ne craignez rien, s'écria un homme qui n'avoit point encore parlé; elle profitera seulement de l'exemple & ne manquera pas de se venger à la premiere occasion. Si elle la trouve, continua la Présidente.

L'on croira sans peine que le sujet de la conversation étoit trop amusant pour qu'elle fût sitôt oisive. Elle étoit devenue générale & chacun lançoit son trait. On y passa en revue plusieurs femmes de la Cour & de la Ville, on n'oublia pas les filles de Théâtre qui venoient de changer de protecteurs, on y joignit quelques particularités récentes sur la sotise des maris qui prennent leurs femmes pour des Vestales. Oh ! pour cela, dit un mari qui n'avoit peut-être pas trop à se louer de la sienne, faites-nous un peu plus de grace, & convenez que ſi nous ſommes quelquefois dupés, nous avons auſſi notre tour. Il raconta à ce ſujet une aventure plaiſante dont on venoit de lui confier le ſecret.

Le Marquis de ..... dit-il, étoit depuis plus d'une ſemaine amoureux de la Baronne de Glenac ; & comme elle n'étoit pas d'humeur à le laiſſer ſoupirer longtems, ils furent bientôt d'accord. Tout le monde ne tarda pas à être inſtruit de leur intelligence ; le Marquis étoit trop vain pour ne le pas publier, on a ſçû même très-exactement le jour & l'heure à laquelle elle s'étoit rendue, & toutes les circonſtances qui ont accompagné ſa défaite. Le Baron fut le ſeul qui n'en eut pas le moindre ſoupçon, parce qu'il étoit le ſeul ſans doute auquel le Marquis ne pût faire part de ſa bonne fortune.

La Baronne que l'avarice de ſon mari ne laiſſe pas fort à ſon aiſe, s'en plaignoit un jour au Marquis, & comme elle avoit envie de quelques étoffes que le Baron lui refuſoit, elle ne manqua pas de parler à ſon Amant de ce refus. Celui-ci voyant bien où elle en vouloit venir, commença par blâmer la dureté du Baron. Il ajoûta qu'il auroit propoſé d'en faire lui-même l'emplette, ſi tout avoit pû ſe paſſer à ſon inſçû. Il ſçavoit que cela n'étoit gueres poſſible, & la Baronne ne pouvoit que rejetter la propoſition, mais elle entend ſi bien tous les petits détours de femmes, qu'elle imagina un moyen très ſimple pour tromper ſon mari de maniere à être ſatisfaite ſans courir le moindre riſque. C'étoit de charger quelque homme de confiance d'apporter les étoffes chez elle en préſence du Baron,

& de les propoſer à lui-même à un prix ſi modique, qu'il ne pût ſe défendre de les acheter.

L'arrangement ainſi fait ils profitent du moment. Le faux Marchand vole chez le Baron. Lui ſurpris de l'éclat de ces étoffes en admire pendant quelque tems la beauté ; mais préſumant qu'elles étoient d'un prix conſidérable, ne ſonge pas même à le lui demander. Le Marchand joue ſon rôle, ſollicite le Baron, & en lui vantant la richeſſe de l'étoffe, inſinue qu'un beſoin preſſant le déterminera à en faire bon marché. Ce diſcours frape l'avarice du Baron & excite ſa curioſité. Il étoit bien homme à profiter de tout ſon cœur d'un pareil beſoin. Il interroge le Marchand, & enfin la modicité du prix après lui avoir cauſé une nouvelle ſurpriſe, lui fait prendre ſon homme au mot. La Baronne qui est-là en montre un joye extrême. Mon cher mari, dit-elle en l'embrassant, cela est d'un goût exquis. Le Baron de son côté est lui-même si émerveillé qu'il veut descendre à son cabinet pour admiret à loisir l'emplette qu'il vient de faire. La Baronne rentre chez elle, s'applaudit de l'invention, écrit au Marquis un billet, par lequel elle lui annonce que leur ruse a eu tout le succès possible, & laisse le Baron qu'elle regarde comme un homme simple ou fou s'enyvrer sottement du plaisir de considerer ses belles étoffes. Cependant le Baron se fait promptement habiller, & court de ce pas en faire présent à une petite Danseuse qui figure depuis deux jours dans les Ballets de l'Opera-Comique.

Le raconteur, après avoir cessé de parler, commença à rire de toutes

toutes ſes forces. Pluſieurs en firent autant, & l'on convint que le hazard ne prêtoit pas d'ordinaire tant de fineſſe aux maris.

Je ne finirois pas ſi je voulois rapporter tous les récits auxquels celui-ci donna lieu ; & d'ailleurs malgré leur varieté, on ne manqueroit pas de les trouver preſque toujours les mêmes, parce qu'effectivement ils n'avoient tous pour objet que beaucoup de méchancheté & des critiques inſultantes.

Le ſilence qui regna dans toute l'aſſemblée quand on n'eut plus rien à ſe dire de pareil (car la méchanceté s'épuiſe enfin par le fréquent uſage qu'on en fait) me fit bien comprendre que les converſations de la plûpart des gens du monde ſeroient bien ſouvent muettes ſi l'on n'avoit recours à ces ſortes d'épiſodes. La Fée avoit fait tout bas cette réflexion avant moi, & lorſque je la lui communiquai ; & les cartes, dit-elle ?

Nous ne jugeâmes pas à propos de reſter plus long-tems dans cette maiſon. Outre que nous n'avions plus rien de nouveau à y voir, c'eſt que notre intérêt même nous appelloit ailleurs.

CHAPITRE XII.

Les Braves. Belle Promenade.

NOUS en parcourumes de la ſorte pluſieurs où nous vîmes à peu près les mêmes choſes, parce que tous les habitans de Cithérapolis ſe reſſembloient de ce côté. Nous rencontrâmes par-tout juſques chez les plus petits bourgeois, des hommes & des femmes qui voulant ſe modeler ſur le ton de la Cour, flatoient leurs ennemis, trahiſſoient leurs amis, imaginoient des hiſtoires ſans vraiſemblances contre la réputation de leurs Concitoyens, les tournoient en ridicules, parloient toujours de ce qu'ils ne ſçavoient pas, & parloient ſans ceſſe.

En traversant une petite rue étroite & si obscure, qu'on pouvoit à peine y distinguer les objets, je me sentis heurter rudement par quelqu'un qui passa près de moi. J'aurois mis sur le champ l'épée à la main, parce qu'il est d'usage de prendre ces sortes de hazards pour des insultes, si la Fée qui s'aperçut du mouvement que je fis ne m'en eut empêché en me représentant que cet homme étoit peut-être pressé par quelque rendez-vous important, & que j'agirois sans doute de même dans l'occasion, que d'ailleurs il n'avoit pû m'appercevoir, qu'il y auroit du ridicule à lui reprocher un tort qu'il n'avoit point, & que ces vivacités enfin qu'on prend quelquefois dans le monde pour du courage n'avoient souvent pour cause qu'un esprit brusque & un défaut de politesse & de bon sens. Je fus plus docile en ce moment que je n'aurois moi-même imaginé, & contre l'ordinaire de ceux qui reçoivent des avis, je convins tranquillement que j'avois tort.

Cependant nous n'eumes pas fait cent pas que nous entendîmes un grand cliquetis d'épées qui se croisoient. C'étoit deux hommes qui faisoient semblant de se battre quoiqu'ils se battissent sérieusement. Je reconnus l'un d'eux pour celui que nous venions de rencontrer. Il y avoit déja quelque-tems que ce combat duroit, lorsqu'un troisieme survint, & les sépara en riant de toutes ses forces. Des éclats aussi déplacés n'auroient pas manqué de me faire rire moi-même, si je n'eusse été bientôt instruit de ce qui les causoit. En vérité, Messieurs leur dit-il, vous êtes bien fous de perdre aussi mal-à-propos ici un tems que vous devriez employer ailleurs plus utilement ; car je ne doute pas que vous ne ſoyez plus propres à une expédition de ruelle, Eh morbleu ! à quoi bon toutes ces démonſtrations d'un courage que vous n'avez ni l'un ni l'autre ? Voulez-vous reſſembler à ces femmes qui n'ayant que de la coquetterie, étalent de la pudeur & du ſentiment ? Pétrifiés de ce diſcours, nos deux braves qui jugeoient bien qu'il ne s'agiſſoit plus de feindre, mirent bas les armes, & ſe regarderent ſans proferer un ſeul mot ; & pour ſortir enfin d'un embarras qui étoit égal pour tous les deux, ils avouerent preſque en même tems, que le ſujet de leur querelle étoit ſi léger, qu'il n'auroit dû jamais allumer entr'eux aucune diviſion. Là-deſſus ils ſe ſéparerent après s'être applaudis tout haut de l'heureuſe rencontre de leur ami qui s'étoit présenté assez à propos pour les empêcher de se couper la gorge. Ils ne furent pas plûtôt partis que celui-ci recommença ses éclats de rire. Oh ! pour le coup, dis-je à la Fée, c'en est trop. Cette aventure me paroît si singuliere, que je ne pûs rester plus long-tems sans en être informé. Je quittai ma ceinture pour un instant, & j'abordai civilement l'inconnu. Ma curiosité fut bientôt satisfaite. Ces deux hommes, dit-il, sont les deux plus complets Petits-Maîtres de Citheropolis. Ils ont par conséquent la sotise de vouloir paroître n'ignorer rien ; & & c'est-là ce qui a occasionné leur dispute. Il s'agissoit de sçavoir quel étoit le mortel heureux qui avoit le premier joui des charmes d'une jeune Comédienne qu'ils n'ont jamais vû qu'au Théâtre. Dans le fait elle a débuté dans le monde de ſi bonne heure, que ſi l'on vouloit pour décider la queſtion remonter à l'origine de ſes petites intrigues, il faudroit l'avoir connue avant l'âge de douze ans. L'un ſoutenoit que les prémices de ſon amour avoient été le projet de certain Jardinier, chez lequel elle avoit demeuré pendant plus de ſix mois au ſortir de l'enfance. Quoique pluſieurs circonſtances rendiſſent cette idée vraiſemblable, l'autre prétendoit au contraire qu'ils avoient été adjugés à un vieux Financier qui les avoit payé largement; car aujourd'hui, ajoutoit-il, il n'y a qu'eux qui ſoient en état de les acheter. Le premier ſe récrioit de ſon côté ſur la rareté d'une faveur que le Ciel avoit tant de fois refuſée à de plus honnêtes gens que le Financier. Pluſieurs perſonnes de l'aſſemblée déſirant les réunir, déciderent que tous deux pouvoient avoir raiſon, que ſi la Nature ne multiplioit pas toujours ſes préſens, on avoit trouvé l'art d'y ſuppléer de façon que cela revenoit au même. Mais ils étoient trop fats pour le prendre ſur le ton de la plaiſanterie. L'un & l'autre s'échaufferent tellement, & il leur échappa des épigrammes ſi vives, qu'attendu ſurtout le grand nombre de ſpectateurs, ils virent qu'ils ne pouvoient en ſortir qu'en ſe propoſant le cartel. Ils affecterent de ſe dire quelques mots bas à l'oreille pour inſtruire tout le monde de la réſolution que leur fauſſe bravoure leur avoit inſpirée. Mais ſoit que perſonne ne s'intéreſſât à eux, ſoit qu'on les connut aſſez pour ſçavoir qu'ils en ſortiroient ſans danger, on n'y fit qu'une très-légere attention.

Le jour pris l'un eſt venu me

raconter ſon avanture, & m'a conjuré de me trouver au lieu du rendez-vous ſans toutefois paroître avoir été prévenu, pour empêcher des ſuites qu'il craignoit beaucoup. Il n'a pas été plutôt ſorti de chez moi, que l'autre eſt arrivé, & m'a fait la même priere. J'ai promis de m'y rendre. J'y ſuis arrivé le premier. Mes deux lâches ſont entrés en lice avec la même fermeté que s'ils euſſent éte braves, parce que chacun d'eux attendoit que je vinſſe les ſéparer. J'ai voulu me divertir, & ſeulement pour jouir de leur embarras, parce que je voyois bien qu'ils avoient grand ſoin de ne pas s'approcher de trop près, je les ai laiſſé aſſez long-tems aux priſes. J'ai bien penſé auſſi que cela ne leur cauſeroit pas peu d'inquiétude. Je me ſuis montré; vous ſçavez le reſte. Mais ce que vous ne croiriez peut-être pas, c'eſt qu'ils ne manqueront point de publier dès ce ſoir même leur rendez-vous comme une action vraiment héroïque. Pour moi qui pourtant ne manque guères de diſcretion, je me propoſe de diminuer ſous peu de jours la gloire qu'ils ſe ſeront acquiſe, en racontant la choſe ingénuement, parce que c'eſt rendre ſervice à la ſociété que d'humilier l'orgueil d'un fat.

Nous nous quittâmes avec politeſſe, & comme ce quatier étoit peu éloigné d'une Promenade où les habitans de Cytheropolis viennent quelquefois au commencement de la nuit ſous le prétexte d'y reſpirer le frais, je propoſai à Almanzine de nous y rendre. La foule n'y étoit pas nombreuſe; cependant nous ne laiſſâmes pas d'y voir quelques Bourgeoiſes qui jouoient encore *l'incognitò* en ſe cachant dans leurs coëffes, quoique tout le monde les eût déjà vuës, & que chacun s'entretint depuis long-tems, tout haut & autour d'elles de l'hiſtoire de leurs intrigues. Nous y remarquâmes auſſi pluſieurs Actrices qui faiſoient les prudes & quantité de femmes de condition, qui toutes affectoient un maintien & des airs indécens. Pour les hommes, ils étoient là ce qu'ils ſont ailleurs, vains, galans, railleurs. Comme on y étoit à pied, & que la Lune ne produiſoit alors qu'une clarté aſſez ſombre, ils en avoient plus de liberté de croiſer les Dames, & de les regarder ſous le nez. Autrefois on auroit pris cela pour une impoliteſſe; alors ce n'étoit que de la galanterie, & cette galanterie me paroiſſoit être du goût des Dames. Il eſt vrai qu'elles avoient ſoin de ſe couvrir le viſage de leur éventail; mais ce n'étoit

jamais qu'après leur avoir laissé un tems convenable pour les examiner à leur gré, & ce tems duroit plus ou moins, suivant l'opinion qu'elles avoient de leur beauté. Les jeunes Seigneurs surtout, (ou ceux qui se font appeller tels) y faisoient grand bruit, & se crioient de loin, Baron, Chevalier, Marquis. Ils couroient ensuite, voltigeoient, s'arrêtoient devant plusieurs femmes qu'ils trouvoient affreuses, & ils alloient encore un peu plus loin en faire autant. On voyoit là des embrassemens aussi fades que ceux qui se font sur les Théâtres de Cytheropolis. Les uns disoient tout haut qu'ils étoient venus pour voir la petite Présidente, & ne l'y trouvant pas, ils ajoutoient malignement qu'elle étoit peut-être allée à la Petite Maison du

Comte de . . . . . Là-dessus ils rioient de toutes leurs forces, & en disoient tout le mal possible. D'autres moins étourdis, mais aussi fats, se tenoient dans des allées écartées, où prenant le ton de la vieille Cour, ils accabloient de protestations des femmes accoutumées à les entendre sans les croire. Souvent on s'éclipsoit, & ce n'étoit pas sans dessein.

Peu à peu la Promenade devint plus brillante, & il arriva une nuée de *Demoiselles entretenues* richement parées, qui firent seules l'objet des empressemens de tous les hommes. Elles furent bientôt Maîtresses de la place; car un grand nombre de femmes qui se disoient *comme il faut*, indignées de cette préférence, peut-être plus indignées encore de leur voir des Robes garnies des plus belles Dentelles, des Aigrettes & des Rivieres de Diamans, ſortirent bruſquement du Jardin, traverſerent les Cours avec promptitude pour ne point voir les équipages ſuperbes de ces Idoles du bon ton qui les y attendoient, & s'en retournerent chez elles en crêvant de dépit.

CHAPITRE XIII.

Recette admirable pour obtenir les faveurs d'une femme, de laquelle on n'est point aimé.

LE hazard nous ayant conduit sur un banc éloigné, d'où nous pouvions facilement voir tout ce qui se passoit, nous n'y fûmes pas une minute, que nous vîmes deux personnes s'en approcher & y prendre place auprès de nous. Leur nombre, l'heure, le lieu, me firent croire qu'ils n'avoient choisi cette petite solitude que pour s'entretenir de leur amour avec plus de liberté. A quelques soupirs réitérés, à certains regards pleins de distraction, tout le monde se seroit confirmé comme moi dans cette idée, & je les aurois vû partir sans être détrompé; si Almanzine, lorsqu'ils ſe leverent, n'en eût elle-même pris le ſoin.

Vous voyez là, dit-elle, un de ces hommes, qui craignant du Mariage les dangers plus que les dégouts, ne ſe permettent qu'un commerce paiſible qui ne laiſſe après lui ni inquiétudes ni ſoins. Il n'eſt pas étonnant que de pareils principes donnent peu à peu ceux de la légereté & de l'inconſtance En pareil cas la néceſſité même peut porter au changement. Celui-ci devenu par état ce qu'on appelle un homme galant, quoique privé des avantages qui rendent propres à ſoutenir ce nom, a paſſé toute ſa jeuneſſe dans un cercle d'amuſemens dont une volupté ſans délicateſſe fait tout le prix. Toujours amant de toutes celles qui pourroient ſatisfaire ſon goût pour le Plaiſir, il a ſouvent trouvé dans ſa fortune des secours pour obtenir ce qu'il n'a pû devoir à son mérite.

Il avoit déjà plus de cinquante ans, lorsqu'un de ses amis lui procura la connoissance de la jeune Cecile. Quoiqu'elle eût plus de coquetterie que de beauté, il ne tarda pas à l'aimer avec passion. Ce n'étoit pas cependant qu'il eût conçu pour elle aucun sentiment nouveau pour lui; mais c'étoit de cette façon qu'il avoit toujours aimé, ce qui fait bien voir que l'amour véritable n'est pas ordinairement l'amour le plus passioné. Pour Cecile, le nombre des amans la flattoit; elle vit celui-ci avec plaisir, parce qu'il jouissoit d'une fortune qui le rendoit une conquête brillante; mais elle avoit au fonds pour lui un dégoût que toute sa vanité ne put lui faire surmonter. Par conséquent, loin de lui donner aucune préférence sur ses Rivaux, elle ne se trouva point disposée à le traiter plus favorablement; car personne n'avoit jusques-là réussi à l'attendrir. Comme ce n'étoit qu'une fille d'un certain genre, son nouvel Adorateur qui n'avoit point été avare de soins & de complaisances, parce qu'il sçavoit que c'est toujours par-là qu'on débute avec toutes les femmes, commença bientôt à être surpris de ne trouver chez elle aucune marque de distinction pour lui. Accoutumé à n'essuyer les caprices des femmes qu'autant qu'il falloit pour en obtenir tout, il ne fut pas peu offensé de la maniere dont Cecile se conduisoit avec lui; cependant elle étoit si jeune qu'il se persuada qu'elle n'agissoit ainsi que par un défaut d'expérience. Il hazarda à ce sujet quelques leçons qui auroient eu sans doute leur effet, si elles eussent été données par un Maître plus habile que lui, & qui ne servirent qu'à lui prouver combien elle étoit insensible à tout ce qu'il faisoit pour lui plaire.

Quand on n'est point aimé, rarement pense-t-on qu'on n'a pas mérité de l'être. En supposant même qu'on ne soit pas assez fat pour croire que c'est injustice ou bizarrerie, la vanité a toujours des ressources. Ordinairement on commence par soupçonner qu'on a été prévenu. C'est toujours une espece d'adoucissement de pouvoir se dire que la place appartenoit dejà à un autre avant qu'on eut entrepris de l'attaquer. Ensuite on va, si l'on veut, jusqu'à former le projet d'enlever sa conquête à son Rival.

Alzidor passa par tous ces différens degrés. Avant de marquer à Cecile son ressentiment, il lui fit quelques reproches tendres qui annonçoient bien qu'il n'avoit pas abandonné ſes premieres prétentions, des reproches qu'un amant fait quelquefois lors même qu'il eſpère triompher. Après cela il chercha à ſe convaincre par Cecile même, qu'elle lui préferoit en ſecret quelqu'un de ſes Rivaux. Elle, un peu ſurpriſe d'abord de cette idée, ne jugea cependant pas à propos de s'en défendre beaucoup, parce qu'il valoit mieux le laiſſer dans une telle erreur, que de lui faire appercevoir qu'elle le haiſſoit. D'ailleurs, il falloit encore accommoder tout cela avec ſon caractere de coquetterie. Les homages d'Alzidor l'honoroient; il étoit néceſſaire de le ménager.

Il n'avoit pas ceſſé juſques-là de faire parler ſes galanteries. Dans la ſuite ces ménagemens firent croire à Alzidor qu'il étoit plus heureux qu'il n'avoit pensé, & que Cecile s'adouciroit peut-être au point de lui sacrifier un jour son Rival ; & tout à coup il en devint si hardi, que ce faux espoir fit sur lui ce qu'il a coutume de faire sur tous ceux qui ne sont point aimés. Il le rendit si incommode, que bientôt Cecile se trouva hors d'état d'y tenir. Aux risques de le perdre, elle résolut de lui ôter toute espérance, & quoiqu'elle eut à combattre la vanité d'Alzidor en même tems que lui-même, elle n'eut cependant pas de peine à y réussir. Alzidor, d'autant plus accablé de ce revers qu'il avoit du goût pour Cecile, & qu'il avoit perdu auprès d'elle beaucoup de tems, a pris une résolution qui vous paroîtra étrange. Il a mieux aimé l'avoir pour femme que de mourir de honte d'avoir combattu inutilement ; & il s'est déterminé à la demander à ſes parens. Il ne lui a pas été difficile de l'obtenir. Ils ont précipité cette union qui aſſuroit à leur fille un bien conſidérable. Toutes les démarches ſe ſont faites ſi ſecretement, que Cecile n'en a été inſtruite que le jour qu'elle a donné ſa main. Il a bien fallu qu'elle y conſentit. Une fille peut-elle toujours réſiſter ? Son embarras n'a pas été petit de ſe trouver dans les mains d'un homme que non-ſeulement elle n'aimoit point, mais qu'elle avoit tant maltraité. La perte de ſa petite Cour n'eſt pas non plus la circonſtance à laquelle elle ait paru le moins ſenſible. Tout-à-l'heure elle étoit encore entourée de tous ceux qui la compoſoient ; mais ils ſe contentoient de voltiger autour d'elle ſans lui parler. Ils l'ont regardé avec raillerie, & comme elle n'eſt plus dans le cas d'exercer ſur eux aucun empire, il ne lui reste que le mortel déplaisir de se rappeller les instans que leurs complaisances, leurs soins, rendoient autrefois si doux. Alzidor ne la quitte plus. C'est elle en effet que vous avez vû avec lui. On croit même qu'il ne s'est point repenti de son choix, parce qu'il a trouvé en elle ces prémices qu'une Coquette conserve quelquefois plus long-tems qu'une femme tendre, & qu'il est de ceux auxquels les présens de l'amour suffisent, quoiqu'ils ne les reçoivent pas de lui-même. Vous jugez assez combien cette contrainte est cruelle pour Cecile qui, de cette façon, se trouve punie par l'époux des tourmens qu'elle avoit causés à l'Amant.

CHAPITRE XIV.

Eſpéce qui ne manquera jamais.

TROIS Dames proprement miſes vinrent gravement prendre la place des deux époux. J'admirois la douceur de leurs regards. Rien n'étoit plus ſéduiſant que leurs figures. Dans leur entretien, auquel je ne compris que très-peu de choſe, il fut queſtion ſur-tout de malheurs, d'infidélités, d'inconſtances.

Almanzine que tous ces détails avoient attendrie, s'intéreſſoit à elles de bon cœur, à cauſe de la conformité que leur ſort paroiſſoit avoir avec le ſien. Mais le ſujet de leur converſation changea bientôt à l'arrivée de deux jeunes hommes qui s'approcherent d'elles avec empressement. Il y a apparence qu'ils se connoissoient depuis long-tems, car ils se saluerent d'une maniere extrêmement libre. L'enjouement se mit de la partie, & les propos galans des deux hommes firent bientôt évanouir toutes ces impressions chagrines du cœur des trois Nymphes.

Sçavez-vous bien, dit l'un d'eux à celle qui me parut effectivement la plus jolie, que je vous trouve charmante? Au vrai, ce teint de roses feroit honte à celui de la Dévote la plus musquée. Quels yeux! Quand je te disois, Marquis, qu'elle étoit admirablement bien. . . . Je conviens, répondit celui-ci, que tu m'as fait de Madame un portrait si rare, que je n'ai pû m'empêcher de le croire un peu flaté; mais tu ne m'en avois pas encore dit assez, & tu me vois dans un enchantement qu'on n'a pas coutume d'éprouver à la vûe des charmes qu'on a entendu une fois louer, car il est si ordinaire d'exagérer sur ces sortes de choses. . . . Le compliment est flateur, répondit à son tour celle à qui il s'adressoit ; mais il est la preuve que les éloges des hommes sur la beauté, sont souvent infidelles. Oh, point du tout, reprit-il. . . . . Mesdames, continua le premier, le Marquis est comme vous voyez, un homme tout-à-fait galant, quoiqu'il ne fasse qu'entrer dans le Monde. De tels débuts annoncent les plus grands succès. Je m'étois chargé volontiers du soin de le produire, & j'ai voulu le former, mais il a devancé mes instructions. En effet, dis-je à Almanzine, il me paroît avoir déja l'air de s'estimer beaucoup, & cette bonne opinion de lui-même ne manquera pas, je crois, de le défaire au plutôt de ce timide embarras qu'il montre encore avec les femmes. Au surplus, ajouta-t-il, j'ai voulu en faire votre ami ; c'est un garçon sage, avec lequel vous ne courrez pas les dangers auxquels une femme d'une certaine façon est exposée avec un Petit-Maître qui ne parle que de subjuguer. Le Marquis soutint que le danger seroit tout entier pour lui, & pendant qu'il étoit occupé à répondre à quelques questions, j'entendis le Chevalier, c'étoit le second, qui disoit tout bas à l'une des Dames, que le Marquis étoit nouvellement arrivé de Province, qu'il étoit extrêmement riche, fort sot, amoureux de toutes les jolies femmes, & très-propre à faire la fortune de celle qui sçautoit ne lui céder qu'à propos.

Après cette courte explication la converſation devint générale. Celle des trois Dames à qui le Chevalier avoit parlé bas, fit des agaceries au Marquis. Il y répondit comme il avoit fait juſques-là, c'eſt-à-dire, tres-ſottement. Elle ne manqua pas de lui dire qu'il étoit charmant, & qu' lle le croyoit plus dangereux qu'il n'avoit voulu le paroître. Il en rit de tout ſon cœur. Les deux autres Dames peu ſatisfaites de la préférence que le Marquis donnoit ſur elle à leur compagne, le lorgnerent à leur tour; mais il n'étoit plus tems, la premiere conſervoit ſeule tout l'avantage, & le Chevalier qui avoit ſes vûes, vantoit ſes charmes avec tant d'énergie, que le Marquis accoutumé à reſpecter ſes déciſions, s'en tint à Zobéïde. Le Chevalier, pour laisser à celle-ci le tems de s'arranger avec le Marquis, & pour détourner les prétentions de ses rivales, s'amusa à leur faire mille contes plaisans. Il demanda à l'une ce qui avoit causé l'inconstance du Baron de . . . . qui venoit de la quitter. Elle lui avoua de bonne foi que le Baron étoit un homme si soupçonneux, qu'ayant vû une fois le petit Conseiller entrer chez elle au milieu de la nuit, il avoit osé le trouver mauvais.... La plaisanterie parut singuliere au Marquis, qui, sans lui laisser le tems d'achever, & en s'adressant à l'autre, la gronda bien fort de ce qu'elle étoit sortie d'un lieu où elle étoit à l'abri de l'inconstance des hommes, parce que, disoit il, tout le Public ne sçauroit nous manquer en même tems, & quand on lui engage sa foi, on fait plus sûrement qu'en se rapportant à un ſeul homme toujours peu diſpoſé à garder la ſienne.

Cependant les affaires du Marquis étoient en bon train, parce qu'on n'étoit pas d'humeur à laiſſer échaper une pareille reſſource; & quoique Zobéide, après avoir elle-même éprouvé la légéreté d'un amant qui depuis long tems l'avoit laiſſé ſans ſecours, fut alors dans l'état le plus déplorable, le Chevalier inſinua adroitement au Marquis qu'elle étoit ſous la protection d'un riche Etranger. Il n'en falloit pas davantage pour diſſiper tous les projets qu'il venoit de former. L'impoſſibilité d'offrir à Zobéide une fortune auſſi grande que celle dont elle jouiſſoit, commença par le déſeſpérer; mais elle, pour le raſſurer un peu, lui laiſſa entrevoir qu'elle étoit femme à en faire un jour le ſacrifice à celui qui parviendroit par ſes ſoins à le mériter. Ce n'étoit pas cependant qu'elle lui eût déclaré ses sentimens ; elle sçavoit placer merveilleusement la dissimulation, & elle connoissoit trop combien les obstacles rendent une défaite précieuse. Il falloit en même tems ne point rebuter le Marquis, & prendre garde de lui laisser voir trop de goût pour lui. C'est-là cet art des Coquettes qui donne ordinairement tant de prix à leurs plus légeres faveurs. Enfin tous se leverent pour partir ; Zobéide très-satisfaite d'avoir trouvé un homme dont il ne lui seroit pas difficile de faire une dupe, les deux autres piquées de l'outrage fait à leurs charmes, le Marquis plein de sa bonne fortune, & résolu à tout entreprendre, à se ruiner s'il le falloit pour posseder sa nouvelle Maîtresse, & le Chevalier presque aussi content que lui, mais trèsimpatient de voir le dénouement de cette aventure.

Il me paroît, dit Almanzine, que le Chevalier n'eſt pas fort délicat ſur les ſcrupules, puiſqu'il ſe charge de ménager de pareils accomodemens, & je ne puis vous diſſimuler que je le trouve même fort mépriſable. Cela ſeroit bon, repris-je, ſi l'on n'apercevoit pas l'intérêt du Chevalier dans tout ceci. Moi je crois le deviner. Il aime Zobéïde, & ſans doute en eſt bien traité; mais comme il n'eſt pas aſſez riche pour lui faire ce qu'on apelle dans le monde un état, il eſt néceſſaire qu'elle ait d'abord quelqu'un qui ſe charge d'elle, enſuite le Chevalier jouira du plaiſir ſans en avoir l'embarras. Le Provincial en fera les frais; cela eſt dans les règles. Mais, dis-je à la Fée, il me paroît pendant que nous nous occupons à faire toutes ces réflexions que la foule dispa-roît peu à peu. Les petits-soupers sont déjà arrangés ; toutes les parties sont liées pour cette nuit. Il ne reste ici que quelques-unes de ces femmes qui s'offrent à tout le monde, & dont personne ne veut plus, & nous allons bientôt nous trouver seuls. En disant cela, nous sortîmes du Jardin.

Fin de la premiere Partie.

www.ingramcontent.com/pod-product-compliance
Ingram Content Group UK Ltd.
Pitfield, Milton Keynes, MK11 3LW, UK
UKHW021145260726
13994UKWH00001B/302